海外渡航 どうする 身の安全

小林健次
Kenji Kobayashi

Parade Books

はじめに

「日本」というこの国で長く生活していると、「自由民主主義国」であることの有り難さをしみじみと痛感させられます。長期海外出張業務であちこちの国で長く海外生活をしてきた筆者の経験からも、さらにその感が強くしてきます。「安全」であるということは、「尊い命」が大切に維持されていることであり、「自分の命」、「家族の命」、「友人の命」、また「日本国民全体の命」のためにも、「安全」は最も大切な言葉でありますが、〈心身ともに健康〉であるということが大前提ということも言えるでしょう。

　家族揃って皆〈心身健康〉、且つ「安全」にこの世の中で楽しく過ごしていけるということが、充実した人生を送ることにもなります。

　工事関係の仕事で海外に長く滞在した経験から、各国での規定・制度、宗教、習慣、国民性等から考える日本との比較「安全」や「命の尊さ」の筆者の思いが、特にこれから海外渡航を目指す方々に少しでもご参考になるよう、心より願いたいと思います。

目次

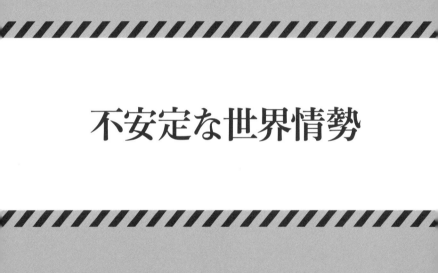

不安定な世界情勢

現在の世界情勢は、安全保障、移民、テロ、民族間紛争等、問題多数の混沌とした状況となっている。

　2022年2月24日、東欧のウクライナ共和国に、ロシアのウラジーミル・プーチン大統領の命令によりロシア軍が突如侵攻し、「ウクライナ戦争」が勃発した。ウクライナがNATO（North Atlantic Treaty Organization、北大西洋条約機構）への加盟申請したのがきっかけのようである。
　戦闘はすでに1年以上続いており、終戦する気配が見えてこない状況となっている。
　また、2020年1月に中国湖北省武漢市で発生したと言われている新型コロナウイルスの世界拡散で、感染者や死者多数のこの世界。
　2018年4月にシンガポールで初めて開催された米朝首脳会談で、合意した北朝鮮の「恒久的非核化」の実現はまだ不透明であり、日本人「拉致問題」の解決にも全く対応しない北朝鮮。漢民族、ウイグル族、チベット族等民族紛争で「人権問題」として国際的に強く非難されており、また民主主義を標榜している台湾に対して「武力統一」の懸念がある中国。法律より「国民情緒」優先で日本に対して「1000年経っても絶対忘れない」と慰安婦像を世界に増設・拡散している韓国。さらに世界を恐怖に落とし入れたイスラム過激派ISによるテロで多数の人命が失われた事件の中東問題、イスラム武装勢力タリバンによる政権奪取のアフガニスタン問題、人道に対する犯罪につながった軍事クー

デターによるミャンマー等、日本の周辺諸国及び世界での紛争を抱える国々は多数であり、安全上多くの国で問題を抱えている不安定な世界情勢となっている。

　そのような緊迫した現在の世界情勢の中で、「日本国家の安全」、「日本人の安全」をどう守っていくのか、各国の制度や考え方の違い、宗教、民族、専制・独裁政権国、貧困状況等、世界情勢をよくみて、今後も対応していくことの重要性を、日本として、また日本人として、よく認識しておく必要がある。

　業務で長期海外滞在してきた経験から、国際的な影響力が強くなってきている日本として、これからどうあるべきかを考えてみたい。

海外安全情報
「たびレジ」登録と
安全意識の向上

「2021年世界で最も安全な都市」を英国の経済紙「エコノミスト」の調査部門である「EIU」（エコノミスト・インテリジェンス・ユニット）が、世界60の重要都市を対象としたデジタルセキュリティーや衛生面の安全性、インフラ、治安及び環境の5分野の指標に基づいて比較した結果として、世界で最も安全な都市1位に選んだのは、デンマークの首都コペンハーゲンであった。新型コロナウイルスの世界的大流行による「安全」の概念の変化が上位の変動につながった可能性もあるとのことである。

これまでは例年、東京やシンガポール、大阪といったアジアの都市が上位を占めてきたが、2021年度の1位の座に輝いたのは欧州の都市だった。

コペンハーゲンは前年8位だったが、新たに導入された環境安全分野での高スコアが主因となりトップに。コペンハーゲンのラース・バイス市長は、同市が安全な要因として犯罪率の低さに言及。コペンハーゲンの特徴として、社会的まとまりの強固さや比較的貧富の差が小さいことも挙げている。

2位はカナダ・トロント、3位シンガポール、4位オーストラリア・シドニー、5位東京、6位オランダ・アムステルダム、7位ニュージーランド・ウエリントン、8位香港とオーストラリア・メルボルン、10位スウェーデン・ストックホルム。韓国・ソウルは25位、中国・北京は36位、その他米国・ニューヨークは11位、同ワシントンは14位、英国・

ロンドンは15位、大阪17位、台湾・台北24位、フランス・パリは23位だった。

　外務省は、2014年7月1日より、在留届の提出義務のない短期渡航者を対象とした登録システム「たびレジ」の運用を開始している。

　登録すると、海外の旅先でいざという時に、在外公館などから滞在先の緊急情報や安全情報をメールで受け取ることができる。

「たびレジ」の登録によって4つの安心が保てるとしている。
1）出発前から旅先の安全情報を入手できる。
2）旅行中も最新情報を受信することができる。
3）現地で事件・事故に巻き込まれても、素早い支援がある。
4）日本にいても世界の最新情報を入手できる。

　なお、「たびレジ」に登録する場合は、個人情報保護方針に同意の上、登録画面に進むようになっている。
　管理する個人情報の範囲としては、下記の通りだ。
　氏名、生年月日、電話番号、メールアドレス、同行者情報（氏名、電話番号）、ツアー会社、同行者数、渡航先情報、渡航先等。

また、「海外でのトラブルを回避する3つの方法」として、外務省作成の動画の「海外安全ホームページ」「たびレジ」「海外安全アプリ」があるため、更なる安全意識向上のためにも是非活用したいものです。

他国の安全上の
社会環境と考え方、
日本との違い

海外現場対応のため、多くの国に渡航して長期滞在生活をしていると、各国の社会環境、生活様式・習慣、また法律・規定等が日本と非常に異なっていることに気づかされる。

　そのことを事前によく調べ、理解した上で現地に出向くことが、身の安全上極めて大切である。

　過去の歴史上の経緯により、現在も「反日・抗日・侮日・用日・克日」活動が盛んな韓国。

反日：日本や日本人に反感をもつこと。

抗日：日本の行為に対し、反対し抵抗すること。

侮日（ぶにち）：日本や日本人を侮った感情。

用日（ようにち）：日本をうまく利用、活用すること。

克日（こくにち）：日本に追いつき、追い越せ。

　共産党が国の指導的地位を有し、事実上の一党独裁社会主義国の中国。

「目には目を、歯には歯を」の復讐思想が当然のイスラム主義の国、サウジアラビア。テレビ映画「西部劇」発祥の銃社会の国、アメリカ。

　出張当時貧困の差が大きく、シチリア島からローマに出て、盗みを働く親子の世界を感じさせたイタリア、また、国家存続の危機意識が強い国、イスラエルなど、いろいろな国に長期滞在していると、日本が、いかに平和で安全であ

るかを実感させられるとともに、日本人であることの有り難さと誇りを感じるものである。

　日本のパスポートは、ビザなしで渡航できる国や地域は合計190カ国で、世界最強の信頼あるパスポートと言われている。
　長期出張滞在国の「身の安全」についての経験上の内容を以下に述べたいと思います。

 アメリカ

アメリカ社会の離婚率50％、
作業者の熱意不足による解雇の現実

　1988年6月にアメリカ・オレゴン州の最初の現場で対応していた時、日本より早く朝6時から作業開始、午後3時に作業終了で一斉に作業者全員が帰宅するという毎日だった。作業終了後、作業責任者の自宅に夕食の接待を一度受けたことがある。

　庭でのバーベキューのお手伝いをしたあと、一緒の食卓で食事を摂って話をしている時、「海外の現場に単身赴任での出張ですが、あちこちの国の現場で対応していますよ」と、筆者より笑いながら話すと、奥さんから「アメリカだったら、そのようなことしていると、何回離婚されているか分かりませんよ！」と。筆者にとっては強烈な言葉でした。

　日本では当たり前になっている単身赴任での生活とビジネス。

　そういえば現場で、アメリカでは離婚率50％ですよ、と作業者から聞いたことがありました。

　アメリカ・テキサス州オースチン市内の某半導体工場現場対応時には、作業終了後、現場からホテルにレンタカーで戻る途中、交差点の信号が赤で停車している時、花束を

窓越しに「5ドルで買って！」と差し出してくる少々みすぼらしい恰好の離婚された男性がウヨウヨ。大変なアメリカ社会でもあるなあ〜と、当時痛感したものである。

　長期滞在時には、「治安」にも充分注意する必要がある。

　一方、夕食の招待を受けて感じたことは、アメリカ人作業者も午後3時に仕事を終えて自宅に帰宅したあと、庭でバーベキューを手伝ったり、服を着替えて奥さんと「音楽会」に行ったり……と、「日本より家庭を大事にした人間らしい生活をしているなあ〜」と痛感。

　仕事の時には集中して作業を行ない、規定時間になるとさっさと帰宅、作業効率を考えた社会と、家族を重視した社会、人生を楽しむことを目指した社会であることも当時感じたものである。

　しかし離婚率も高い一方、現場作業で現場作業責任者（職長）より、働き方が悪いと指摘された作業者は、すぐその現場作業から追い出され解雇、全米労連からの現場派遣者との話によって、別の作業者と交代という現実も実際の現場であった。厳しい社会でもある。

トイレの違い

　1988年、初めてのアメリカ出張時、到着した空港内トイ

レの様子が日本と非常に異なっていたのには驚いた。

　洋式便所に座った時、トイレの床から30cm程の高さは「空間」となっており、扉を閉めると1.5cm程の扉の隙間。覗かれる緊張感が高まって、なかなか「出るものも出ない」という焦りがこみ上げてきた。

　床は光沢のある反射状の綺麗な敷石で、隣のトイレ使用中の方の様子も否応なしに反射で見えて緊張感でさらに「出るものも出ない」という状況に拍車を掛けることとなった。

　現場に到着したあと、初めて会った現地アメリカ人作業責任者にこの件について確認すると、最悪の事態を招かないよう、何かあったときに発見できる「身の安全」上のためと聞いて納得。もし、何かトイレ内の空間で事件が発生

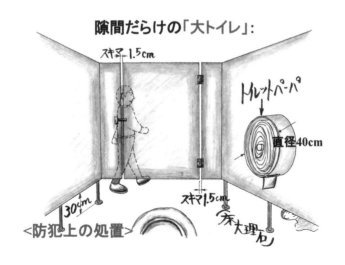

隙間だらけの「大トイレ」:

スキマ1.5cm

トイレットペーパ
直径40cm

30cm
＜防犯上の処置＞
スキマ1.5cm
床大理石

した場合には、すぐに救助できるよう、対応するための法律上決められた構造ということであった。

　日本のトイレは、「個人情報保護」を重要視した観点や、安心してゆっくり "事" が終えられるよう、外から見えないように仕切りが徹底されており、しかも最近の新しく設置されたトイレでは、「処置完了」後にゆっくり立つ時、壁側に取り付けてある握り棒を掴んで身体を引っ張り上げると容易に立つことができるような、高齢者に対する細かな配慮もなされている。

　日本人の丁寧な「個人尊重の精神」が、このようなところまで反映されているのに対し、アメリカでは「事件発生

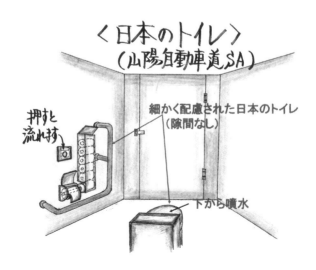

〈日本のトイレ〉
（山陽自動車道SA）

押すと流れます

細かく配慮された日本のトイレ
（隙間なし）

下から噴水

時の速やかな確認と解決手段」に力を入れているといっても過言ではないでしょう。

　このアメリカ最初の訪問時に感じたことで、今後のアメリカ滞在中の「身の安全」について、気が引き締まる思いがしたものである。

銃社会の危険性

　オレゴン州ポートランドでの半導体新工場建設工事で現地長期滞在中、現地作業責任者の自宅に夕食で招かれた時にちょっとビックリしたのが、ライフル銃2丁が居間の壁に飾られていることであった。

　ポートランド市内のスーパーで買い物をしている時もビックリ。
　野菜販売コーナーの隣に、ライフル銃やピストルを販売しているコーナーがあり、販売している男性従業員は、腰にピストルをぶら下げていた。
「銃社会のアメリカ」では普通の光景である。
　後日、日本から出張してきた若い現場スタッフをスーパーに買い物に連れて行った時、「あれは、オモチャですか?」との質問があり、筆者より「あれは本物だよ」と。

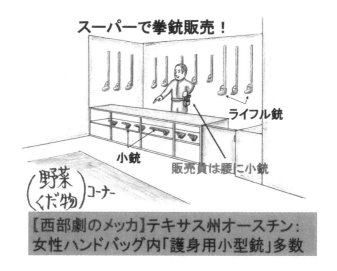

スーパーで拳銃販売！

ライフル銃

小銃

販売員は腰に小銃

野菜 くだ物 コーナー

[西部劇のメッカ]テキサス州オースチン：
女性ハンドバッグ内「護身用小型銃」多数

　昔テレビや映画でよく出ていた「カーボーイ」、その発祥の地であるテキサス州の州都オースチン市内の別の現場半導体工場の設備新設工事で滞在の折には、現地作業責任者が、朝現場事務所内で心配そうな顔をして、筆者の目の前にピストルの弾4発を右手の平に乗せて見せてきた。「What happened?（何かあったの？）」と筆者が質問すると、「妻が自殺しそうになったので、自宅のピストルからこの弾を抜いてきました」と。

　その後帰国し、6カ月程経過した頃、現地からの情報で奥さんが銃で自殺したとの連絡があり、作業責任者、奥さんと一緒に食事をしたことがあるだけに、非常なショックを受けた。

当時、現地作業責任者からの話では、「テキサス州では、手提げカバンを手にした若い女性たちも、カバンの中に〈護身用の小型ピストル〉を入れている人は沢山いますよ」との話をよく耳にしたものである。

　2018年2月14日に、米フロリダ州の高校で銃乱射事件により17人が死亡、14人が負傷という事件が発生した。その犯人は、その高校で問題を起こし途中退学処分を受けた19歳の男で、学校に侵入し銃乱射事件を起こしたのだが、合法的に自動小銃を購入していたようである。
　なぜか酒は21歳まで飲めないのに、自動小銃は18歳で買えるとは、と政治に不満を抱いている若い高校生は多数いるようである。

　アメリカでは、2015年度の銃での死亡者は1万3,000人以上、負傷者は2万6,800人となっている。学校で起きた銃乱射事件は64件あった。
　2016年度の銃による死亡した人の合計は1万1,004人、その内約5,500人が自殺、銃乱射事件の犠牲者は71人となっている。
　2021年度には、銃が原因で死亡した米市民が約4万8,000人と過去最高を記録している。経済難などから自殺者が増えていることも大きい。

　2017年10月発生のラスベガスでの銃乱射により、野外コ

ンサート会場で約60人が死亡、500人以上が負傷するという痛ましい事件も発生している。

　1992年10月の夜、愛知県の高校2年生の交換留学生が、アメリカ　ルイジアナ州でハロウィンパーティの仮装をして訪問先の家を間違えてしまい、その家の主人に拳銃で撃たれて死亡するという悲惨な事件もあった。

　2022年5月24日の昼、米南部テキサス州の小学校に地元の18歳の男子高校生が訪れ、銃を乱射、児童19人と先生2人が死亡するという痛ましい事件も発生。

　日本での銃による死亡者は3人（2017年度）。アメリカと比較した時、日本の厳しい銃規制法により、いかに日本が「安全」であるかが分かるが、しかし、それでもまだ、銃による死亡者を「ゼロ」にする課題が残っている。

　アメリカも、ようやく銃規制強化の動きが出てきているようであるが、まだ根強い「全米ライフル協会（NRA）」の政治的な影響力もあるため予断を許さない状況だ。
　米南部ウエストバージニア州では、新型コロナウイルスワクチンの接種促進策として、2021年6月接種者対象のくじ導入を発表し、賞品にはライフル銃と散弾銃も含まれている。

アメリカに渡航した時には、このような「銃社会」であ
ることを充分認識して、現地での行動に注意する必要があ
る。

某半導体関連企業の「安全」に対する考え方

　多くの海外諸国の現場に出てみると、そのお国の制度や
現場作業の仕方、作業効率や安全性を考えた作業方法など、
非常に参考になり、また勉強にもなるものである。

　企業によっても異なるが、アメリカの某半導体関連企業
では「安全」に対する考え方が異なっており、客先安全担
当者による「現場入場前教育」を受けた時、非常にショッ
クを受けたことがある。
　日本で当たり前の表現である『安全第一（Safety First）』
という言葉は、一切使ってはならないと、担当講師より話
を聞いたからである。
　ビジネス上、通常使用する言葉の「品質（Quality）」、「納
期（Delivery）」、「価格（Cost）」「安全（Safety）」などの
中で、"これらと比較すると「安全」は第一"であるという
ものではなく、「安全」は"掛け離れて上位にある大切なも
の"であるため、「Safety is Value（安全は最大価値）」と
言わなければならない。

《 某USA半導体メーカーの安全ポリシー 》

これを聞いた時、「なるほど……」と、一瞬息が止まる思いがしたものである。

　現場においても、これが徹底されていた。

　ある時、日本から送られてきたキャスターホイール付き台車で運ばれてきた材料を工場内の材料置場まで作業者が手押しで移動していた時、右手首が手前側に90度に滑り、少々痛いということで社内の診療所に行った結果、骨には異常なし、少々打撲ということがあった。その2日後、別の作業者が昼食後の階段移動時、足が滑って右手の薬指が階段の角に当たり、少々痛いということで、同様診療所に行った結果、骨に異常なしとの2件の打撲が続いた。

　その時、130人が作業を行なっていたが、突然「全作業停止命令」を受けることとなった。

何故このようなことが発生したのか、原因追及と共に対策について、客先との会議が数回開かれ、その結果を作業者全員集めて再教育を実施ということで、5日程全面工事停止という結果となった。

　日本の現場であれば、少々の打撲程度で、現場作業者全員の「作業全面停止命令」を受けることはないが、作業進捗の状況よりも、まず「人の命の安全」を最重要視したこのお客様の「安全」に対する考え方と徹底の仕方には共感したものである。

「大胆発想得意」なアメリカ社会と「話す力の育成」

　2013年（平成25年）12月に、日本人の伝統的な食文化「和食」が「ユネスコ無形文化遺産」に登録されました。
　世界遺産に登録された「和食」の特徴は4つと言われている。
・多様で新鮮な食材とその持ち味の尊重。
・健康的な食生活を支える栄養バランス。
・自然の美しさや季節の移ろいの表現。
・正月などの年中行事との密接な関わり。

　日本人の「繊細な心」の評価を受けた結果ともいえる。小さなお米一粒も箸で掴む日本人の器用さもある。

（最近の若い子は器用に掴むことができない人も増えているようだが）

　母親が我が子のために作る昼食弁当も非常に凝ったデザインの作りであり、またカフェでメニューとして出されているバーガーセットも子どもが喜ぶ形など、細かい配慮がなされ作られている。

一方、アメリカでは一度でいろいろな栄養素が摂れるように、写真のようなデカく作られた、大胆に"ガバッ"とかぶりついて食べるようなハンバーガーが販売されている。

　筆者が現場仕事を終え、夕食買い出しのためハンバーガー店を訪れた時、年配夫婦が椅子に座って夕食のため大きなハンバーガーをかぶりついている光景を幾度も目にした。簡単に夕食を済ませる手段でもあるようである。

　小さい時からフォークとナイフを使用して食事を摂る習慣がついているアメリカ人は指の器用さが不足しており、現場においても直径5mm程の小さなボルト（ビス）を指で掴んでねじって穴に差し込み固定するというのは極めて苦手、ポトポト落としていた。
　現地での組立て作業工程時には、日本から輸出する前に、このようなことも事前に設計上配慮しておく必要もある。

　しかし、大胆な発想は「得意」である。
　仕事の関係で、アメリカ テキサス州オースチン空港からオハイオ州ダラス空港まで飛行機で移動していた時、窓から地上に多数の円形が見えた。何だろう？

《アメリカ農場》（とうもろこし畑等）

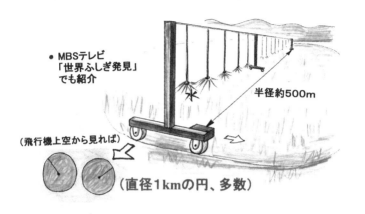

- MBSテレビ
「世界ふしぎ発見」
でも紹介

半径約500m

（飛行機上空から見れば）

（直径1kmの円、多数）

　テレビニュースでたまたま報道されていた、規模の大きい自動で給水する設備であった。

　広大な地上でのトウモロコシ畑の栽培方法、よく考えたものだな〜と感じたものである。

　また、アメリカ西岸の某半導体新工場建設時の工場内設備設置時、日本から送られてきた装置を、開梱場所より工場内設置位置まで80m程移動する手段について前日作業責任者と打合わせした時、天井高さ3m下の蛍光灯やスプリンクラーに接触しないように、高さ調整できるキャスターホイール付きの治具（添付図）を製作して、"翌日"に3セット現場に持ってきたのにはビックリ！

「なんという大胆な発想と対応の早さ！」、その治具使用の結果、15台の装置の設置位置までの移動は短時間、且つ「安全」で効率良く作業を終えることができた。

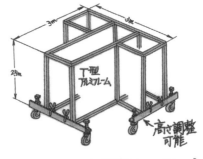

アメリカ人 作業責任者(取長)が製作し、話の翌日 現場に持参の「運搬用治具」

作業終了後、「どうして、このようなアイデアが浮かんだの？」と質問すると、教育の話が出てきた。

筆者が「日本だったらテストで100点満点が取れると、先生からも、父さん母さんからも誉められるけど……」と話した時、その作業責任者より、「100点満点取るより、先生より与えられたテーマに対し、生徒皆の前で堂々と自分の新しい発想・考え方を話すと、先生から誉められます。しかし、恥ずかしいと、前に出てモジモジしていると、何回もさせられますよ」と。

その現場の設備設置工事を終えるまで、幾度と独自で治具を作って現場に持参していたが、「安全で作業効率を考えた対応」には感心したものである。

日本では市販で販売されているグレーチングフロアの

「取外し専用治具」に対し、お客側の保全課職長が考案していた同様治具考案の差を「安全」上、大差を感じるのは筆者のみではないでしょう。

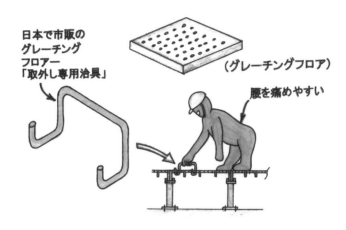

日本で市販のグレーチングフロアー「取外し専用治具」

（グレーチングフロア）

腰を痛めやすい

● グレーチングフロア取り外し治具

＜アメリカ＞

(C)

(A)

樹脂はめ込み

(B)　　(B)

某半導体社 保全課の職長（Forman）が考えて作ったグレーチングフロアー『取外し専用治具』

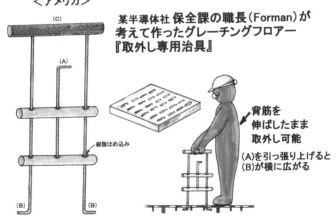

背筋を伸ばしたまま取外し可能

(A)を引っ張り上げると(B)が横に広がる

このようなアメリカでの安全上及び施工効率上の実態を目の当たりにし、良い意味での刺激として受け止め、筆者が工事責任者として現場対応していた時に考えたアイデアを、元所属会社の「社内提案制度」で応募結果、下記2点が特許申請後、特許取得となり、外部メーカーにより製品化されることになりました。

◉「頭部安全保護フード」

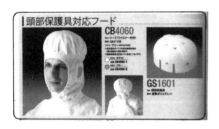

『頭部安全保護フード』　特許名：「防護用頭巾」

『スライド式昇降足場』　特許名：「台車式作業足場」

各現場においても、安全施工上問題ないか、作業が効率的か等、常に現場状況を確認しながら、対応していくことが重要といえるでしょう。

　一方、文化や価値観などバックグラウンドが異なる多様性に富んだ移民国家であるアメリカ。アメリカの教育制度は州によって異なっているが、例えばカリフォルニア州では「5歳の幼稚園から18歳の高校生までが義務教育」であり、自分の意見を述べる「話す力を鍛える学校教育」が常識となっている。
「話す力」は、コミュニケーションを円滑にし、良い人間関係を構築する基本的生活スキルとして、アメリカでの学校教育では「話す力の育成」が幼稚園から高校まで系統的に行われている。
　この「話す力」は「考える力」にも影響を与え、「こういう教育での発想により、ノーベル賞受賞者がアメリカでは多いのだな〜」と納得したものである。

　アメリカでの生活で、現地の人と話している時やテレビ等で情報を得ている時には、表現の仕方が日本と異なるネイティブな言葉を耳にすることがあるため、現地の言葉の表現に慣れることも大切でしょう。
　（例）：筆者がアメリカ南部のテキサス州オースチンの現場で、昼食後椅子に座って机上に頭を伏せてウトウト寝ている時、頭の上で急に「起きろ！」と声がしたので、ビック

リして目を開けて頭を上げると、作業責任者が電話中。

　電話を終えた後、"起きろ！（Wake up）と日本語で聞こえたのでビックリして起きたが、今何と言ったの？"と、筆者のポケットから英和辞典を取り出し尋ねてみると、辞書をパラパラめくりながら、"ハイ、これです"と、指を差している箇所を見ると、「Okey doke」（発音、オキドク）、辞書には「OKの正式英語」と書かれていた。これが「起きろ！」に聞こえた訳である。

　以前、アメリカ西部のオレゴン州の州都ポートランドで長期現場対応していた時には、殆んど「OK」との表現でしたが。

（現場事務所：昼休み中）

南部（テキサス）⇔西部（オレゴン）：発音異なる

テレビニュースでは、アメリカ国防総省の建物の「Penta-gon」（ペンタゴン）は「ペネガン」に聞こえ、ワシントン州の都市「Seattle」（シアトル）は「シャロー」に聞こえたり、アメリア流の表現や地域によっても発音が異なっていることも、日本人として、現地滞在時には馴れる必要があります。

アジア諸国

　日本のすぐ隣の国、韓国、中国、北朝鮮。

　竹島問題や世界へ流布させている慰安婦像設置、徴用工、旭日旗掲揚等の問題、また日韓共同宣言約束事の違反の「韓国」、尖閣諸島・南シナ海問題、日本人スパイ罪逮捕、また、ウイグル族のイスラム教徒系少数民族に対する「ジェノサイド（大量虐殺）」（2021年1月にアメリカ、ポンペイ国務長官が発表）の問題、ロシア海軍との合同軍事演習による日本周辺海域での威嚇行動、さらに台湾に軍事侵攻する「台湾有事」の恐れのある「中国」、完全な非核化や拉致被害者問題の日本との国交無しの「北朝鮮」、この3国と日本とは、いまだに懸案事項が多く、本当の信頼関係の状態には現在も至っていない。

　これには、国際的な秩序、法的に沿った国の政策や自由主義、専制・共産主義等、国の制度上の実態相違も大きく影響している。

　しかし、日本を訪問する旅行者数は、コロナ禍発生の2020年以前は韓国人8人中1人の割合の600万人が訪日しており、中国人も10年間で8倍の735万人（2017年度）が日本を訪れ、訪日外国人観光客全体の4分の1強を占めている。

2018年10月の元徴用工の問題で、韓国大法院（最高裁）の日本企業・新日本製鉄（現日本製鉄）に対し、韓国人4人へ1人あたり損害賠償金（日本円で約1,000万円）の支払いを命じた判決を受け、日本政府は日韓請求権協定に基づき、日韓と第三国による仲裁委員会の申し入れをしたが、全く無視された形となった。そのため、韓国への輸出管理を強化すると発表し、2019年7月に半導体等の製造に使われるフッ化水素、レジスト、エッチングガスの3品目の対韓輸出管理の厳格化を実施。また2019年8月2日の輸出管理の優遇措置を「ホワイト国」からの除外を決定したため、韓国内では「日本製品不買運動」と共に「日本旅行禁止運動」も発生した。

　文 在 寅 政権から2022年5月に保守政党の「国民の力」の尹 錫 悦 政権に変わって、「日本との関係改善」に強い意欲を示している。

　韓国、中国の国民も、現在の日本という国に対する理解を深めるとともに、お互いの"子ども達の将来のために"と、将来を見据えて相互信頼が芽生えるように行動することが非常に大切である。

 韓国

反日教育の実態

　韓国済州島で生まれで現在は［帰化日本人］として日本国籍を取得している、評論家で拓殖大学教授の呉善花氏が公表しているように、現在も韓国では小学校時代から「反日教育」が行われている実態が明らかになっている。この教育により、若い時から日本及び日本人に対する憎しみ感を長く抱く結果となっているともいえる。

　筆者が初めて韓国を訪問したのは、1989年6月であった。
　初訪問の日にソウルのホテルに宿泊した時、夕食は近くのレストランで食事しようと歩いている時、「日式……」という漢字の看板を見て、日本食かな？との興味で中に入り、メニューの絵を見て、韓国語が話せないため日本語で「これをお願いします」と指を指して「丼のおかゆご飯」を注文。
　しばらくして「丼のおかゆご飯」が来たので、スプーンで丼の真ん中をすくって口の中に入れようとした時、ビックリ！　大きな「ハエ」が一匹スプーンの中に入っていた！
　おかゆご飯の中心部深さ1cm程のところに見えないように入っていた。
　これが「憎しみの対応」かと呆れて怒る気もしなかった

ため、食べずにその場でお金だけを払って店を出た。

　また一方、半導体新工場建設現場の設備工事のため、工場内に入る前の「入場前教育」受講の部屋の壁には、豊臣秀吉軍を破った韓国の英雄「李舜臣」の旗が描かれている絵などがたくさん掲示されていた。

　韓国の新工場建設サポートのため、日本人エンジニアの一人として訪れている筆者も、異常なほどの「日本への憎しみ」を抱いているのかと感じざるを得ない光景であった。

　また8月15日、韓国にとって日本の統治から解放の日とされる「光復節」の日が近くなった時、年配の日本語の達者な作業責任者（工事長）から、「小林さん、8月13日から15日は、ホテルから外に出ないでください」と現場で忠告を受け、「もし、出なきゃならん時は、テコンドー4段の私の長男を同行させますから」と。最初は、どういう意味かピンとこなかった。

　ホテルでテレビを見て、その意味が理解できた。

　日本軍も悲惨な状況を起こしたのだなあ、見るに堪えない当時の状況が全国放送で流されていた。これは朴槿恵元大統領が「1000年経っても忘れない」と公表した言葉にも表れているという感を抱かざるを得なかった。

　2005年に盧武鉉政権下の韓国で定められた「親日反民族行為財産の国家帰属に関する特別法」の、日本で言ういわ

ば「親日罪（反日法とも）」というのもある。

　2018年10月に韓国南部済州島での国際観艦式に参加予定であった海上自衛隊の護衛艦は、自衛艦の「旭日旗」掲揚自粛を韓国海軍より求められたため参加を見送ったり、12月には韓国軍の艦船が、海上自衛隊の哨戒機に対して「攻撃予告」ともいえる火器管制レーダーを照射したり、過去の「抗日」のための様子が今もなおそうさせているといえる。

　韓国では、憲法をはじめ全ての法の上位に位置付けられている韓国国民の情緒が最優先される「国民情緒法」というのがあるため、国際的にも無視されているのが現状といえる。

北朝鮮との融和路線への一時方針転換

　筆者が、某大規模半導体新工場建設の設備設置工事のため長期現地滞在していた折には、当時まだ韓国は北朝鮮との国家間の緊迫感があった。

　金浦空港から器興市の現場までタクシーで移動中、北朝鮮との戦争が勃発した時に、戦闘機の滑走路に早変わりする片道3車線の広い直線道路があった。

　ホテル近隣の夜間時には、ピストルを携帯したその地域のオジサングループが夜回り警戒していたり、夜間勤務の

半導体工場正門の警備員は腰にピストルを下げていたり……と、日本と違った強い緊張感を覚えたものである。

一方、2017年5月に朴槿恵政権に代わって発足した北朝鮮との融和を目指している文在寅大統領は、北朝鮮との「融和路線」優先で米朝の間に立って仲介役を果たそうとしていたが、北朝鮮からも完全に無視された形となった。

北朝鮮の「非核化」を実現させたいアメリカ・日本の圧力に対して、核保有を譲らない北朝鮮の方針を転換させるのは至難の状況となっている。

2022年5月に、尹錫悦が新しく大統領に就任したが、韓国では依然として「反日左翼」の勢力が根強く広がっており、文在寅前政権期、戦後最悪の日韓関係となっている現状をなんとか変えていく起爆剤となることを期待している。

しかし、日本との日韓関係改善傾向を目指している尹大統領と岸田首相との合意で相互の「シャロル外交」を再開させることになったが、国民の支持率35%、不支持49%であり、まだ予断を許さない状況となっている。

韓国人留学生の勇気ある行動に日本人感謝

2001年1月に、東京山手線新大久保駅で泥酔した日本人男性がホームから転落。ホームに居合わせた韓国人留学生

の李秀賢さん（享年26）と日
本人カメラマンの男性（享年
47）が、線路に飛び降り救助
を試みたが、電車にはねられ、
3人とも死亡した。

李秀賢さん（提供：特定非営利
活動法人LSHアジア奨学会）

　生前、「日韓両国の懸け橋に
なりたい」との強い思いを抱
いていた李秀賢さん、秀賢さ
んの国境を越えた勇気ある行
動には、多くの日本人から驚
嘆の声があがり、親御さんの
もとへは、日本全国からたく
さんのお見舞金が届いた。

　秀賢さんの父・盛大さんは「息子の死を知った時は驚き
や後悔、悲しみの方が大きかったですが、秀賢を誇りに思
えたのは、日本の皆さんが息子を称え温かい言葉をかけて
くれたからです」と語っている。

　2001年11月、皇居参観の際、美智子皇后様（現：上皇后）
を乗せた車が通りかかった時、皇后陛下は車から降り深々
と頭を下げ、秀賢さんの両親の肩を抱いた。
「日本人を助けようとしてくださり、本当にありがとうご
ざいます」と手のひらを両手でそっと包まれたという。別
れ際に両親を振り向いてもう一度歩みより、「日本にいる
間、困ったことがございましたら、何でもお申しつけくだ

さい」とつけ加えられた。

　父・盛大さんは、「慈愛深く、親しみのわく方でした。一生の光栄です」と、美智子様の優しさに感動を覚えたという。

韓国で日本語学ぶ生徒増加

　2019年6月22日に韓国・ソウルの日本大使館公報文化院3階ホールで「第8回全国高校生日本語スピーチ大会」が開催され、韓国各地域で行われた予選で選抜された25名の高校生が、様々のテーマで日本語スピーチを行った。

　主催は在韓日本大使館公報文化院、韓国日本語教育研究会、NPO法人EGG（Education Guardianship Group）。
　※ 韓国日本語教育研究会は、韓国の中学・高校の日本語教師の集まりであり、全国組織の他、各道・広域市に研究会支部を有している。

　大賞には、日本のアニメ映画で知った童歌のお蔭で将来の夢について考える心の余裕が生まれたと語った、ソウル近郊・城南の白承ヒョンさん（16）が選ばれた。
　審査委員を務めた研究会の学術部長は「日本語は数年前から再び人気が高まっている。両国の外交関係が悪化して

も、高校生の多くはアニメやゲームなどを通じて日本に好感を持ち、日本での就職を目指す生徒も増えている」と話している。

　互いの言語を学ぶ若者も両国ともに増加傾向にあり、日本語を学ぶ韓国の高校生は約35万人で、韓国語を学ぶ日本人は10代の若者が増え、1993年に始まったハングル能力検定試験は2018年度の受験者約42万人の内、約3分の1が10代だったとのことである。

　育ち盛りの大切な義務教育時代に、韓国教科書に規定の「反日教育」を徹底するのではなく、将来の子ども達のためを見据えて、平和教育を含む国際情勢など広い視野を持たせることが大切である。
　日本語教育や、小中学校・高校の相互交流等を行うことにより、お互いの国民性を理解し合うことにも繋がるでしょう。

激辛キムチにも要注意

　韓国・器興市の半導体新工場建設の設備設置工事のため、日本の多くの企業からたくさんの日本人エンジニアが現場に来ていた。新工場内の広い食堂では昼食時、日本人エンジニアのための食事専用スペースの仕切られたエリアで長机

や椅子が多数設けられており、机上には「キムチ」が入った丸い鍋が多数置かれ、無料で提供されるようになっていた。

　筆者は、薄味のおかずや食事を摂るのが常であったが、無料提供されている韓国特有の激辛キムチを毎昼食時食べていると、舌が麻痺したのか辛さの感覚がなくなり、遠慮なく沢山食べていると、左手指をグッと握って4ケ所の骨の盛り上がった間の3カ所のへこみ部分に黒色の斑点があるのに気がついた。

　現場対応終了で帰国後、単身赴任先の大阪で掛かり付け医に検査依頼した結果、胃内表面にへこみや荒れた状態があると指摘され、大阪「住友病院」にて精密検査の結果、「胃ガン」との診断。結局、胃半分切除手術を受け、40日間入院という結果になった。幸いに30年余経過している現在、健康上問題なく過ごせています。

　キムチが原因だと言い切ることはできませんが、海外訪問時には、健康な体調維持のために、食事の種類にも充分気をつけることが大切です。

中国

中国とは現在、尖閣諸島の領土問題や東シナ海の境界線問題、あるいは日本人スパイ罪逮捕問題等で日本とギクシャクした問題を今も抱えている。

中国という国を理解する上で最も大切なことは、制度が日本と根本的に異なっているということだ。

2020年7月には、自治と民主主義であった香港に対し、中国政府により「香港国家安全維持法（国安法）」が制定され、日本でも“民主の女神”として名が知られていた周庭さん（当時23歳）等の民主活動家や香港民主派前議員ら約50人が、香港民主派への弾圧強化で一斉に逮捕されている。

また、アメリカ、イギリス、カナダ等からも、イスラム系少数民族のウイグル族弾圧の人権問題等を非難されており、イギリスでは中国のウイグル族弾圧を「ジェノサイド（集団虐殺）」と認定している。

日本が「自由民主主義国家」であるのに対し、中国は「専制・共産主義国家」であり、法制度の違い、人権上の問題等により、現地での行動が規制されることもあるということをよく理解しておく必要がある。

中国出張時に起きた2つの苦い経験

【日本へのメール内容検閲チェック】

　筆者が2006年に、日本から上海経由で無錫という都市の韓国系半導体会社の中国新工場建設設備工事の安全指導業務のため、上海空港から無錫市(ムシャク)までタクシーで移動し、ホテルにチェックインした時、中国の「検閲活動の凄さ」を経験した。

　ホテルに午後5時頃タクシーで到着し、部屋に入ったあと、午後8時頃無事に着いた旨の「安着連絡」を日本の事務所にパソコンメールで送った時である。

「8年間長く滞在してきた台湾と中国はだいぶ違うなあ～」という文を入れていたためか、夜10時頃、部屋入口のドアを「ドン！　ドン！」とスゴイ音を立てて叩く音がした。

中国出張時の苦い経験2件
①日本へのメール内容検閲チェック

8年前、長く現地滞在していた台湾と中国はだいぶ違うナ～。……

PM5:00頃チェックイン。

ホテルから8:00PM頃、日本に安着連絡。

〈中国・無錫市のホテル〉

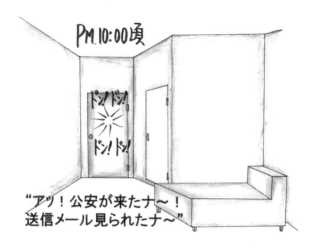

PM.10:00頃

ドン!ドン!

ドン!ドン!

"アッ！公安が来たナ〜！
送信メール見られたナ〜"

　直感として気付いた。「アッ！　公安が来たナ〜！　送信メールを見られてしまったナ〜！」と。

　当時はまだ、中国と台湾とは制度の違いで結構言い争っていたこともあり、長期台湾滞在の筆者が「スパイ」と見られたのかもしれない。

　ドアは開けずにジッと静かに我慢していると、10分程でドア叩きが止み、強制的にドアを開けて入ってはこなかった。

　しかし、深夜0時頃再び、ドア前で5〜6人の男たちがガヤガヤと脅かしのような大きな声を出した。

　再びジッと我慢静かにしていると、10分程で静かになった。

　翌朝現場に出る時、そっと静かにドアを開け、あたりを

見回すと誰もいなかったので一安心。

「中国からのメール検閲」とパソコン入力検索すると、下記内容が記されている。

〈中国のネット検閲〉
「法律に従って60以上の条件が中国政府により作られ、他方の国有インターネットサービスプロバイダーの一部や、中国政府、商社、団体などが検閲を実施している。インターネットポリスは、30,000人以上」

　もし、ドン！ドン！と叩かれたあとに「何ですか？」と扉を筆者が開けたら、間違いなく拘束されていたことでしょう。

　中国では、改正「反スパイ法」が、2023年7月1日に施行されました。
　これまでの「国家の秘密や情報」に加えて、「国家の安全と利益に関わる文書やデータ、資料や物品」を盗み取ったりする行為が新たな取り締まりの対象になり、スパイ行為の定義が拡大されている。いかなる中国の国民や組織も、スパイ活動を見つけたら速やかに国家安全当局に通報しなければならないとしている。スパイ行為で国家の安全を脅かしたとされた場合、中国の刑法に基づいて処罰される。最高刑は死刑、とあります。

自由民主主義国の日本と違って共産国の中国に出張する場合には、メール内容や現地での行動にも十分注意をする必要がある。

【現地滞在許可日数オーバーによるドタキャン】
　無錫の現場での安全指導業務を終え、現場事務所で日本語の達者な中国人の安全担当者と話している時、「明日、上海空港から日本に帰国するから」と、和気あいあいと話をし、筆者のパスポートを見せると、その担当者の顔色が急にガラリと変わった。
　緊張した声の日本語で「小林さん！　大変です‼　滞在期限が過ぎています！」と。
　顔が引きつったような表情で話し掛けてきた。

　2週間しか滞在できないのに、「3週間滞在」したためである。
　パスポートには入国の日付は記されているものの、いつまでという滞在期限が刻印されていないし、台湾と同じようにビザなしでも30日間は滞在できると思っていた。

　これは筆者の海外渡航経験上の「ヒューマンエラー」が原因である。事前に許可滞在日数の確認を怠っていたためである。

　「こうなった以上、仕方ない。予定通り、明日上海空港か

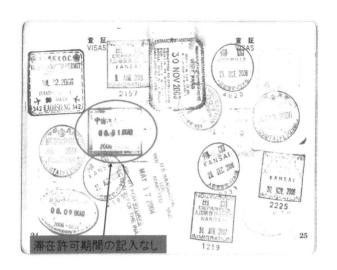

滞在許可期間の記入なし

ら帰国手続きをしてみよう。刑務所に収監されても死刑に
なることはないだろう」との思いで、そう伝え、翌日上海
空港へ移動、JALカウンターへ。

　JALカウンターで、エアーチケットとパスポートを差し
出すと、中国人女性のJAL受付スタッフが顔色を変え、ビック
リした表情で日本語で「ちょっと待って下さい。JAL日
本人スタッフを呼んできます」と。
　しばらくして、JAL日本人女性スタッフが来て、「小林さ
ん、ちょっとここで待っていて下さい。税関と話をしてき
ますが、今日は日本に戻れないかもしれません」と。

　15分ほど待っていると戻って来た。「今日だけ、特別に

許可しますと言われました」と。筆者より、「スタンプを押す税関係員にも連絡してもらっていますね」に対し、「してますよ」との返事。搭乗券受け取り後、税関へ移動。

　しかし、ここで案の定ドタキャン。
　税関係員が「ハンコを押さない！」と厳しく筆者に指摘。「JALスタッフが先ほど税関事務所で、搭乗の特別許可をすでに得ている！」と、少々長いやりとりをしている時、ずらりと後ろに並んでいる乗客から税関係員に「早うせんか！」との中国語風の言葉でヤジが激しく飛んでいた。
　すると、税関係員が、吐き捨てるように、パスポートにハンコを押したあと、ポイと筆者のパスポートを床に投げ捨てた。
　「これで、日本に帰れるワ〜」ホットして拾い上げ、搭乗口へ移動。

「現在の中国ビザなしの滞在許可日数は？」とインターネットで検索すると、観光、商用、親類・知人訪問、また通過目的で中国渡航の場合は、入国日を含め15日となっている。

　海外出張の場合には、事前にパスポートの有効期限や訪問国の規定の確認を怠らないよう注意しておく必要がある。

　また別の実態として、対応していたその現場では以下の

体験もある。

　安全対応していたその現場では、韓国に本社のある中国の新工場建設現場であったが、昼食のための食堂では、大きなテレビが設置してあり、「抗日ドラマ」が放映されていた。

　昼食をとりながらテレビを見ていると、日本軍により「十字架の柱」に張り付けにされた自国中国人の一般市民を助けるために、日本軍人を撃破している映画が流されていた。ホッと一息の昼食時間に、このようなテレビドラマを見せつけられることは、日本人として見るに堪えないため、短時間で昼食を終え、食堂から出ることにした。

　その後、翌日、翌々日も同じような映画が昼食時間に流れており、それ以降食堂の隅で昼食を短時間で済ませ早く現場事務所に戻ることにした。

　中国の新工場建設のために日本より来ているのに、なぜここまで嫌がらせ的な場面を沢山の日本人エンジニアに見せるのかな？というやり切れない気持ちにもなったものである。

　やはり、未来志向よりも「過去の歴史を絶対に忘れない」という韓国と同じような考え方で国民に喧伝しているようにも思えた。

日本男児救助の中国人留学生、本国でも英雄に

　2013年9月に台風による増水のなか、大阪市で濁流の中を流されている男児（9）の「助けて！」という声を、淀川沿いの堤防で日課のジョギングを行なっていた中国人留学生［上海出身の厳俊さん（26）］が聞きつけ、すぐさま川に飛び込み身を挺して救出するという、素晴らしい救出劇があった。

　厳俊さんには大阪府警から感謝状が贈られ、勇気ある行動が日本の人々の賞賛の的となり、平成25年（2013年）秋の褒章で「紅授褒章」が受章され、同じ人名救助に尽力した日本人の國吉正男さんと共に、総理大臣官邸で「内閣総理大臣感謝状」が授与された。

　故郷の中国でもその活躍が大きく報じられ、「英雄」として称えられた。
　中国における「反日」の急先鋒的存在の人民日報系メディア・環球時報でさえ、厳俊さんの業績を「中国と日本の相互の悪い印象を改善する好材料になるだろう」との論評を掲載している。

いま中国で「日本語学習者」急増中

　ここ数年中国では、受験科目の一つである「外国語」を、

英語ではなく日本語で受験する高校生が急増している。

　中国では2021年度も「高考」（ガオカオ、全国大学統一入学試験。日本の「大学入学共通テスト」に当たるもの）が実施され、過去最高の約1,078万人が受験している。

「高考」の外国語科目で日本語を選択する高校生が急増している理由は下記2点とのことである。

● 「一発逆転」を狙える
　日本語には漢字が多く、中国人にとって最もとっつきやすい言語で、小学1年から義務教育の英語よりも比較的簡単に高得点が取れ、高考の日本語受験に必要な語彙数は約2,000と英語に比べて少なく、試験の難易度も低いため、中国人にとって日本語は「勉強しやすい」言語となっているようである。

● 「アニメ」「ゲーム」の影響
　日本語のアニメやドラマ、音楽、ゲームなどの影響が非常に大きい。

　00后（リンリンホー、2000年代生まれ）の若者は、生まれたときから日本語のサブカルチャーが身の回りにあり、スマホやパソコンで日本のアニメを中国語の吹き替えや字幕などで見て、日本語を耳にする機会も多い。

　2014年頃から始まった海外旅行ブームのなかで、家族と

共に日本旅行に行った経験をもつ若者も増え、日本に親しみを持ち、日本語を勉強してみたいとの興味も日本語学習の意欲につながっている。

〈備考〉
　中国人観光客が、日本の電車・バスなどの公共交通機関での体験で「感動している」意外なワケとして、下記内容が挙げられている。
・雨傘の折りたたみ（乗った時）。
・2～3歳の子どもが靴を脱いで座席に座り、くるっと窓の方を向いて景色を見ている。
・新幹線が終点に到着時、清掃員が横一列に並んで待っている。
・駅員が障害者の介助。等

　2001年、中国教育部は、従来の大学進学を目的とする「広試教育（受験教育）」から、生徒の人間性を育て、全人格的な教育を行う「素質教育」へとカリキュラムを転換する新方針を打ち出している。
「素質教育」推進の一環として、外国語教育の重要性も挙げられ、全国の高校に英語以外の言語（日本語、ロシア語）も選択科目として教えるよう通達が出されている。

　中国の若者の日本に対する理解が増え、日本－中国間の良好な関係になることを期待したいものである。

北朝鮮

日本と国交がない国への渡航の危険性

　現在、日本と北朝鮮は国交がなく、日本政府も「渡航自粛要請」通達を出しているため、現地の生の様子は、なかなか分からない現況である。

　しかし、2018年8月に北朝鮮に渡航していた映像クリエーターの日本人男性（39歳）が現地北朝鮮当局に拘束されていたことが判明。北朝鮮国営メディアによると、「日本人観光客が北朝鮮の法を犯したため取り締まりを行なったが、人道主義の原則より寛大に許して、国外追放することにした」と報じた事件があった。

　日本の観光庁が旅行会社に対して、旅行ツアーでの北朝鮮への渡航は自粛するよう要請を出しているにもかかわらず、興味本位を抱いた個人に対し、希望に応じて旅行の手配を取り扱っている旅行会社もあり、普通の民間人が旅行目的で北朝鮮に渡航することは、国交がないにも拘わらず可能なようである。

　1977年（昭和52年）11月に中学校から自宅に帰宅途中、13歳の少女「横田めぐみさん」が拉致された事件報道を

発端に多数の日本人が拉致されている実態が明らかとなり、北朝鮮の怖さが露呈されている。

　日本政府が正式に「拉致被害者」として認定しているのは17名、その内5名がすでに帰国。警察庁が公表している「北朝鮮による拉致の可能性を排除できない事案」としての北朝鮮拉致被害者数は883人となっている。

　世界銀行が発表の「世界統治構造指数2018」によると、北朝鮮は言論の自由、規制、法治など全般的な統治構造における水準で、世界230カ国の中で最下位となっている。

　2014年5月の日朝両政府が発表した「ストックホルム合意」で北朝鮮側は、拉致被害者や行方不明者問題をはじめ、すべての日本人に関する調査を包括的に実施すると約束したが、現在もその合意の実施には至っていない。

　2018年6月のトランプ米国大統領と金正恩朝鮮労働党委員長の「米朝トップ会談」で合意していた「完全な非核化問題」も進んでいない。
　また、韓国の新大統領の尹錫悦政権が発足して以来、米韓の合同軍事演習への強い対抗姿勢や、日本へのミサイルでの威嚇等、朝鮮半島及び東アジア地域の安全の不安定化を露呈させている。

日本に近く隣国であっても、日本政府の通達や相手国の国情をよく理解しておくこと、興味本位の個人の希望のみで行動を起こすと、身代金を含み大変な迷惑を掛けることにもなることをよく理解しておくことが重要である。

台湾

親日的な台湾

　人口2,300万人の中華民国の、台湾。

　1972年の日中共同声明を機に国交が断絶されているにも拘わらず、台湾と日本は、現在も非常に仲が良い関係が続いている。

　2011年（平成23年）3月11日に発生した「東日本大震災」の際には、台湾の人々が世界で最も多い義援金280億円の援助や、災害救援物資の提供、緊急救援チームの派遣など、日本を支援してくれた台湾。

　その後も数多く発生した日本の災害時に対しても、台湾の人々からの心のこもった言葉や励ましがあり、日本人を勇気付けてくれたりしている。

　台湾のある記者が、以下のような長いコメントで話をしていた。

　日本人にとって、非常に印象的である。

「台湾で東日本大震災への支援活動が非常に活発だったのは、もともと親日だったということもありますが、1999年9月21日に台湾を襲った《台湾中部地震》で、日本が各国のなかで最大規模の緊急援助隊を最初に派遣してくれ、さ

らにそれに続く民間ボランティアと学生ボランティアが、続々と被災現場に到着したことでした。

　テレビを通じて見た日本の救援隊に対し、台湾の人びとが最も感動したのは、真っ先に駆け付けた日本救援隊が、ハイテク機器を駆使して瓦礫（がれき）の下から生存者を探し出し、昼夜を問わず救助活動にいそしむ一方、運悪く助からなかった遺体の前では整列して頭を垂れ黙祷するという一幕だったのです。

　「死者への悼み」の姿が台湾人の心を打ったのです。

　そのため日本の救援隊が帰国する時、飛行場に台湾人が詰めかけ、涙を拭く人たちで溢れました。また、空港税関職員といえば、どの国もそっけない態度であることが通例ですが、この時の空港では、異例の総立ちで、敬礼で日本人救援隊を見送ったのです。これは実に史上未曾有のことでした。

　そうしたことがあったので、台湾人は、東日本大震災時には、日本に恩返しがしたいという気持ちが強かったのです。

　今回（2016年2月6日）の大規模な「台湾南部地震」発生時にも、日本政府は地震当日の6日夜に調査チームを高雄に派遣、さらに100万ドル規模の支援を表明しました。これに対して台湾では、日本に対する感謝の声が渦巻いていました。惨事のショックにある台湾人にとって、大いに慰

められています。

　やはり、日台は「一蓮托生」の関係と痛感します。」と。

［註］「一蓮托生」（いちれんたくしょう）
　結果はどうあろうと、最後まで行動や運命をともにすること。（仏教語）

　このような話が台湾人本人から話があると、日本人としても感動させられる。

　また、日本人にはあまり知られていない日本人技師の八田與一が中心となり、10年かけて建設したダムの「烏山頭ダム」。
　1930年のダム完成時には、東洋一の規模となり、その後ダム周辺は台湾最大の穀倉地帯となった。台湾発展のために貢献した八田與一は、台湾では教科書に載るほど知名度が高く尊敬されている日本人である。
　ダムの敷地にある、広大な八田與一記念公園には、記念館や八田與一を慕う近隣住民により建てられた銅像などがある。

　2017年度に台湾を訪れた外国人旅行客1,070万人余りの内、約20％の200万人が日本人、また台湾人出国者数1,565万人の内、約30％の460万人が日本を訪れている。台日間の相互往来は、非常に活発である。

筆者は、1991年から「台湾のシリコンバレー」と呼ばれていた「台湾新竹科学園区」内の半導体各社の新工場建設時の設備設置工事で長く現場対応してきたが、台湾作業者、責任者は現場工事においても、非常に熱心に安全作業で仕事をされ、作業者・作業責任者を含め、台湾の人と揉めることは一度もなかった。

　筆者が延べ8年半ほど滞在した台湾、65歳定年退職後に久し振りに台湾を訪問した時、現在他社にて上層部の立場で業務を行なっている元事務所のメンバーや、またお客様も参加された「歓迎会」に招待された。
　昔話に花が咲くと共に、お互いの信頼感と親密さも痛感し、日本人に対する親切な対応に感謝の気持ちが大であった。

「許 軒承、黄 國弘、侯 祐鵬、曽 明易、王 俊傑」

現地法人 新竹事務所設立後、新採用の女性事務員さんより「台湾での生活は安全ですが、台北市内の某地域は危ないグループも結構多いので行かないように……」との親切な話を聞いたことがある。

　どこの国でもそうであるが、現地で行動する時には、いつでもどこでもこのような場所、人がいるということを、身の安全のために心に留めておく必要はあるといえるでしょう。

台湾の歴史、第三次台湾海峡危機と国民性

　19世紀末、日本が日清戦争に勝利した1895年（明治28年）から、第二次世界大戦で日本が敗北・撤退した1945年（昭和20年）までの約50年間、日本が台湾を統治していた。

　その後、中国本土での「共産党」との争いに負けた「国民党」の人たちが沢山台湾に移り住んだあと（通称：「外省人」）、1947年2月台北市で闇タバコを販売中の、それまで台湾に住んでいた（通称：「本省人」、「内省人」ともいう）女性に対して暴行を加えるという事件が発生。

　この事件を発端に、民衆弾圧・虐待の引き金となった「2・28事件」が勃発。この事件によって、多くの「本省人」が殺害・処刑されたと言われている。

　1992年の台湾行政院は、この事件の犠牲者数を1万8,000～2万8,000人との推計を公表している。

今日の台湾の「民主化」が実現したのは、故・李登輝総統が1992年に刑法を改正し、言論の自由が認められてからのことと言われている。

　筆者が1995年から1997年、新竹事務所に赴任していた時代にも、テレビニュースを見ていると「本省人」と「外省人」のタクシードライバーのグループ同士が、台北市内で長い棒を互いに振り回して喧嘩をしていると流れていたことがあった。

　また1995年、中国本土の中国人民解放軍が台湾への威嚇のため放った弾道ミサイルが、台湾北部の「基隆」沖と南部の「高雄」沖の海域に着弾し、台湾国内で非常に緊迫したことがあった。
　半導体新工場建設のため現場作業を行なっていた時、当時兵役義務のあった若い作業者たちが、軍からの緊急招集命令を受けて作業者がかなり減ってしまったため各現場の作業を中断せざるを得ない状況となった。
　新竹事務所の窓から外を見ると、戦車が走行、若い軍人の隊列が行進中と、非常な緊迫感を感じ、中国と台湾の間で戦争が起こってしまうのではないかと思うほどの雰囲気であった。

　この状況が落ち着いたのは、クリントン大統領のアメリカ合衆国政府が、台湾海峡に太平洋艦隊の空母、巡洋艦、ペ

ルシャ湾に展開していた原子力空母「ニミッツ」とその護衛艦隊を派遣したことによる。台湾を想うアメリカの姿勢が明確となり、台湾の人たちもアメリカの介入を歓迎した。

　これが、「第三次台湾海峡危機」と言われている。

　1996年の中華民国総統選挙で、台湾独立派と見られている李登輝氏に投票するのを阻止するための中国による威嚇が発端とみられている。

　台湾の投票者にとっては、恐怖よりも怒りを駆り立て、脅迫による中華人民共和国の思惑は逆効果となり、李登輝氏への投票を5%高める結果となったようである。

　その後、2008年に総統に選出された「外省人」で中国寄りの「国民党」馬英九総統が、中国との融和策で、経済の親密さで対応し、日本のシャープを買収した台湾大手の「鴻海精密工業」等の企業が中国市場に工場を建設、相互の経済発展と維持を目指すという流れになった。

　2014年から2015年にかけては大陸中国にある巨大企業のトップ10の内、7社が台湾に本社を持つ企業であり、台湾の対大陸中国貿易額は、その全貿易額の7割に近いと言われている。両岸は経済では「持ちつ持たれつ」の状態で、台湾行政院主計総処の公表では、2015年現在、台湾人は42万人が中国本土で働いている。

　2016年に8年振りの政権交代となった「本省人」出身の

「民主進歩党（民進党）」の蔡英文総統が台湾トップに選ばれた。台湾では政権が、中国寄りや台湾独自方針でと、その都度変わっているが、基本的には自由で民主主義的な現在の体制を台湾国民の大多数の人たちが望んでいるのではないかと感じられる。

　現在、台湾は中国共産党政権により、「香港国家安全維持法（国安法）」を制定された香港の中国化に次いで、台湾も「中国の一部」として併合を目指しているが、自由民主主義の台湾が共産化する恐れを筆者としても危惧せざるを得ない心境である。

　新竹事務所設立後の最初の頃、朝のミーティング時の日本の紹介で、「日本の新幹線や電車は、時刻表通りに各駅に止まったりしますよ」と話した時、新規採用の女性事務員さんから笑みを浮かべながら「それはあまり良くないですよ。精神的に。」との話があり、「なるほど、結構台湾の人たちは、のんびりした人たちなのかな？」と初めて知る思いがした。

　開放的で明るく、のんびりした国民性の台湾の人々、仕事は熱心に取り組み、自由民主主義を謳歌しているように感じたものである。

　8年半の長きにわたり台湾滞在で業務を行ってきた経験

から、現在の台湾の人々が自由民主主義を尊重し、対応されている現状を、これからもずっと続けられて、日本との相互信頼感が引き続き保たれていくことを筆者は強く望むものです。

　日本人も各国を訪れた時には、訪れたその国の国民性をよく知ることが安全行動・安全対応には必要であり、理解することも大切です。

シンガポール

観光立国、多民族国家で親日国

　淡路島とほぼ同じ大きさの小さな国にもかかわらず、海外からの観光客は2017年度1,740万人、日本人も79万人が訪れている。

　マーライオン、動物園、ナイトサファリ、植物園など多数の見どころがあり、観光客にとって人気の国である。

　2018年6月12日にトランプ米大統領と北朝鮮の金正恩[キム・ジョンウン]委員長の首脳会談が行われた国でもあるシンガポール。

　毎年たくさんの国際会議が開催され、国際的に信用されている国で、北朝鮮の大使館もあり、アメリカとも安全保障の結び付きも強い。

　シンガポールは多民族国家で、シンガポール人口の7割がシンガポール人（シンガポール国籍）、3割が外国人（外国人労働者を受け入れている）で、中国系73％、マレー系（イスラム教徒）が13％、インド系が9％となっている。

　公用語も英語、中国語、マレー語、タミル語（南インドのタミル人の言語）と4つの公用語がある。シンガポールに住む日本人は4万人とも言われている。

シンガポールは1965年に独立した。

第二次世界大戦中、日本軍による侵略を受けたにもかかわらず、「建国の父」と言われる初代リークアンユー首相の「親日政策」により日本との結び付きが強くなり、今ではシンガポールはアジアの中でも有数の親日国家となっている。

しかし日本に占領された日の2月15日（1942年）を「国防の日」と定め、国存続のために強い国軍が必要とのシンガポール政府の見解で、1967年に徴兵制度が導入されている。16歳半になると兵役登録、18歳で2年間の軍事訓練の義務がある。

シンガポールに旅行で訪れる時には、建国時の実情も認識しつつ、日本にはない法的厳しさもあることをよく理解しておく必要がある。

厳しい罰金制度と法制度

シンガポールの街並みは、古い建物等があちこちにあり、綺麗に保たれて清潔感もあるが、多民族国家としてのこの綺麗さを保つための規則は厳しい。

異なった宗教をもつ、言葉や文化、習慣も違う多民族を、一つのシンガポール国民として統制するには罰金を伴った

厳格な社会のルールが必要であり、厳しい規定があるから
こそ、綺麗な環境が保たれているともいえるでしょう。

　筆者が1982年7月から「シンガポール航空」の事務所及
び飛行機格納庫内の書類搬送設備工事のため空港に初めて
到着した時には、まず驚いてしまった。

　荷物受け取りのターンテーブル場所までの通路は、カー
ペットが敷かれ、通路の横にはたくさんの綺麗な熱帯植物
の鉢が並んでいる。
　入国直後の空港内通路で、シンガポールの「綺麗で清潔な
国」を実感したものである。何か開放されたウキウキさせ

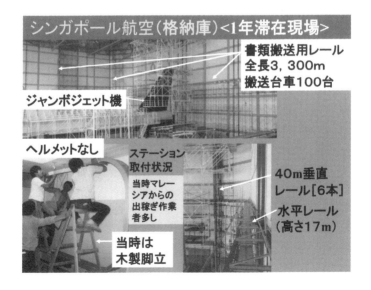

シンガポール航空（格納庫）<1年滞在現場>

書類搬送用レール
全長3,300m
搬送台車100台

ジャンボジェット機

ヘルメットなし

ステーション
取付状況

当時マレー
シアからの
出稼ぎ作業
者多し

40m垂直
レール[6本]

水平レール
（高さ17m）

当時は
木製脚立

る雰囲気の空港でもあった。

しかし荷物受け取りのためターンテーブルの場所にたどり着くと、ターンテーブルを見下ろす位置に、カービン銃を肩に掛けた軍人が監視している。この異様な光景に緊張感を覚え、国内の規定の厳しさも入国直後に感じたものである。

提供：1983年8月　シンガポール航空
現場でのお客様担当者

罰金制度の事例として、下記のようなものがある。
●チューインガムの持ち込み⇒1万ドル
　（シンガポール1＄→￥80として約￥800,000）
●未申告のタバコ持ち込み⇒最高5,000ドル
　1箱20本入を申告すると8ドル（￥640）の税金支払い。
●MRT（電車）内での禁止事項
　・飲食500ドルの罰金。
　・喫煙1,000ドルの罰金。
　・ペット、動物の持ち込み500ドル。
　・ドリアン（臭いの強い果物）持ち込み500ドル。
　・可燃液体持ち込み500ドル。

●横断歩道・歩道橋を利用せず、そこから50m以内の場所で道路横断⇒50ドル

●鳥へのエサやり⇒最高1,000ドル

●公衆トイレで利用後に水を流さない場合⇒最高1,000ドル

●ゴミのポイ捨て⇒初犯最高1,000ドル、再犯は最高2,000ドル＋清掃作業等

●喫煙場所以外での喫煙⇒最高1,000ドル

●ツバや痰を吐いた場合⇒最高1,000ドル

●深夜10時半から朝7時まで屋外での飲酒禁止⇒1,000ドル

　麻薬の持ち込みは、死刑。実際オーストラリアの観光客が死刑執行されている。

　また、鞭打ちの刑がある。

　シンガポールでは、籐（トウ：ヤシ科のつる植物）の鞭による鞭打ちが犯罪に対する刑罰として採用されており、刑罰としてだけではなく、学校での生徒への体罰としても合法で行われている。

　学校において鞭打ちを執行できるのは、学校長のみ、一般教員はできない。

　毎年刑罰として1,000人以上の人が執行されているようである。

　1993年、シンガポールで地域住民の自動車への落書きを含む破壊行為で、アメリカンスクールに通うアメリカ人生

徒（16歳）が鞭打ちの刑にあっている。

［適用される犯罪］
　　・不法入国⇒3打以上。
　　・90日以上のオーバーステイ⇒3打以上。
　　・武器の不法所持⇒6打以上。
　　・強姦⇒12打以上。
　　・暴力行為⇒3から8打。他

　清潔感のある美しい国であるが、日本と異なる厳しい罰金や法制度があることもよく理解して渡航する必要がある。

親日国、現地作業雰囲気良好、意思疎通の大切さ

　1982年7月以降の現地「シンガポール空港」内の書類搬送設備工事の時には、シンガポールの作業責任者をはじめ、マレーシアからの多数の出稼ぎ作業者の人たちとの親密な作業チームとして、1年間にわたる長期の工事であったが、「無ケガ・無事故・無災害」で完遂できた。

　海外現場出張時には、少しでも現地の人との安全意識共有のため、直接会話での意思疎通で話をして、相互理解することが大切である。

当時の施工現場と作業メンバー
作業責任者 Mr. Peter Kok、電気工事責任者（故・大島氏）

　シンガポール現場で機械設備の設置工事の目途が立ち、ようやく電気工事が開始できる頃になった時、日本より電気工事責任者が初来場した。

　現地の作業責任者と現場の状況を歩きながら確認していた時、たまたま会話の中で、作業責任者が日本から来た電気工事責任者に対し、人差し指でその人を指して、「ユー、ボケ！」（そのように聞こえたらしい）と言った。

　すると、その電気工事責任者がすかさず、「ナニー！　俺がボケやと！　もう一度言ってみい！」と血相を変えて、胸ぐらを掴んで日本語で反撃。

　作業責任者は、何で怒っているのかな？とキョトンとし

＜シンガポール現場で＞

何！俺が"ボケ"やと！
もう一度言ってみい！
（日本語で）

ユーアー フォーゲット！
（You are forget!）

クスクス笑っていた小林が、あとで二人に
説明すると、全員で大笑いとなった。

て、筆者の顔をうかがっていた。筆者は理解できていたの
で、一人でクスクス笑いながら、電気工事責任者に、「作業
責任者の人は、"あなたは忘れているのですよ"と言って
いるforget『フォゲット』が『ボケ』に聞こえたのでしょ
う」と説明すると、頭を掻きながら「あっ、そうか！」と。

　ようやく両者とも納得して「スマン！　スマン！」と電
気工事責任者が日本語で謝り、掴み合いの喧嘩にならずに
すみ、全員で大笑いとなった。

　シンガポールは多民族国家であるが、世界共通語として
認知されている英語教育を「2言語教育」として取り入れ
徹底されているため、シンガポールの人は皆英語をスムー
ズに話すことができる。

世界で共通語として認知されている「英語」、日本でも外国人との直接の会話の重要性の教育制度に変わってきたが、日本の更なる国際化、国際交流の活発化を目指す上で、英会話で直接意思疎通できることは安全上でも極めて大切である。

■ イタリア

歴史の重みを感じさせるイタリア

イタリアには至る所に古代遺跡がある。

首都ローマは、かつてのローマ帝国の首都で、ローマの街全体が「世界遺産」に登録されており、ローマ帝国時代の遺跡や当時の建造物を見ることができる。日本人を含め世界から多数の観光客が訪れている人気のスポットだ。2017年度はローマに観光客960万人が訪れている。

市内に入ると、紀元前の世界に吸い込まれそうな雰囲気や風景に出会い、当時の石畳、円形競技場コロッセオの他、歴史的な遺跡をあちこちに見ることができる。また、ローマ市内に限らずイタリア全土で歴史的な遺跡が残されている。

日本の縄文時代に、イタリアではすでに大きな建造物があり、宮殿あり、庭園ありといった歴史の重さと、当時世界をリードしていた様子に感動させられる。

ローマの近郊には、建造物建設のための石切りの崖が道路脇の所々にあり、垂直に石を切った跡の崖、また円弧を描いた建造物の入り口上部、古城建造物の建屋内高い天井部の絵画を含む状態と保存の素晴らしさ、当時の土木技術

と建築技術に、誰しも驚嘆することでしょう。

　また、イタリアは石灰石が多いため、山には大きな木々が見当たらない。

　石灰質のため木が育たないのか、木が茂っていない山の頂上には、古代の城跡を含み集落が集中している箇所があちこちに見受けられ、古代から侵略され続けた長い歴史経緯が、このような防御の姿の町作りを自然とさせてきたのだという。

　6カ月現地滞在している時には、休日を利用して4〜5回ローマ市内の遺跡や建造物を見学に行きましたが、イタリア政府の遺跡保存への徹底した保存施策により、紀元前の世界のローマが覇権を握っていた実態を見ることができ感動したものである。

　また、別の面でも歴史を感じることがあった。

　筆者がアベツアーノ市内より少し離れた田舎風の街並みのアパートで生活している時、外の広場の古い舞台上で、地元の年配のオジイチャン・グループによるクラシック音楽の演奏会が夜に行われているのに参加したことがある。「年配のオジイチャン・グループ」「クラシック音楽演奏」の光景を目の当たりにし、建物とは別に、歴史の深さの一端を感じたものである。

チラッとナイフ、窃盗寸前、行動上の注意

　筆者が1990年6月から半年間、半導体新工場建設時に現地滞在したアベツアーノ（Avezzano）市は、ローマから内陸側へ車で1時間ほど移動したところにある。

　長期滞在で少しでも経費節減のため、現場近くの古いアパート4階建て一軒家の2Fの部屋を借りて住むことになった。

本格工事開始前に1週間、現場状況の確認、お客様担当者への挨拶、現地施工作業責任者との事前打ち合わせ等のため、ローマ空港に日本からの飛行機で夜10時頃に到着した時、荷物引取りターンテーブルで、初めて「苦い経験」にあった。

　ターンテーブルで荷物を受け取ると、年配の男性が近づいて来た。優しく丁寧な態度で「荷物を持ちましょう」とサポートしてくれ、「自分のタクシーで、ホテルまで連れて行ってあげましょう」と。態度、受け答えが丁寧であったため信用し車に乗ると、残念！　「白タク」であった。

　予約ホテルは空港近くのホテルなのに、乗っていると、エライ時間が掛かるな〜、遠回りしているな〜と気づき、少々苦言を言うと、運転しながら、運転席の下に右手を入れて何やらゴソゴソしている時、チラッと光るナイフらしきものが見えた。
　これは危ない！　しょうがない！　遠回りしてでも予約しているホテルまで行ってもらおうと開き直り黙っていると、かなり時間を要して高くついた移動費ではあったが、無事ホテルに到着し、ホッとした。

　この苦い経験以来、その後のイタリアでの行動には充分注意を払うようになった。

現地滞在中、夏の少々暑い日曜日に、アベツアーノから
レンタカーでローマまで移動し、パーキングに車を止めた
あとローマの名所近くを歩いている時、赤ちゃんを抱っこ
した中年の女性が10～12歳位の女の子二人を連れて、「こ
の品物を買って！」と近づいてきた。その時、二人の女の
子が、筆者の後ろ側に回って、後ろポケットに差し込み入
れていた財布を引き抜こうとした。

　こりゃ、ヤバイ！　小さな女の子を足で蹴飛ばすのは可
哀そうと思い、50mほど急ぎ走って逃げると、追いかけて
こなくなった。幸い財布はズボンの後ろポケットに入って
いた。

　夏で上はワイシャツのみ。ズボンのポケットには国際運
転免許証と財布及びパスポートのみ。やはり、肩掛けバッグ
に入れて身辺から手放さないような処置をすべきであった。

　当時、貧困地域であったシチリア島から、世界からの観
光客多数のローマに、"生活費確保のため"来ている人が多
いと聞いたことがある。

　また、「写真を撮ってあげましょう」と、親切な態度で近
寄り、手に持っているカメラを渡して写真を撮ってあげた
あと、カメラを持ち主に戻すと思いきや、「この品物を買っ
てもらわないとカメラを返却しません」、とのやり取りをし
ている光景を見たこともある。

世界の観光地、人気のあるローマであっても、窃盗や騙されることがあることを、「身の安全」のためにも意識しておく必要がある。

部屋に「サソリ」出現

　住み始めて間もない頃、少々古いアパートではあったが、1軒屋の2階の部屋のベッドで夜寝ようとした時、床の上で小さな生き物が動いているのに気づき、何かな？と、ジックリ見ると、なんとサソリ！　ビックリ！　足が速く逃げようとしたが、何とか5cmほど大きさのサソリを捕獲。

　サウジアラビア現場出張時に見た15cmほど長さの大きなサソリでなくて幸いだった。

　日本では考えられない「部屋の床を走り回るサソリ」、日本に限らず世界各国では予想もしない"毒を持った生き物"が身近に出現してくるものである。

　周囲の状況を都度確認し、気を付けておく必要がある。

日本との結び付きが強いイタリア

　日本との正式な国交は、1866年に「日伊修好通商条約」が締結されてからで、第二次世界大戦では敵国関係になら

なかったこともあり、伝統的に日本と友好関係を保っている。

日本では近年、ピザやパスタ（小麦粉をこねて作った食べ物）を利用したイタリア料理の人気が高まり、イタリア料理店も増えている。日本との結び付きも現在非常に強くなっている。

建設時の現地作業責任者・副責任者、また作業者たちも、現場作業時には、非常に協力的であった。

工事終了後30年余りが経過した現在も、便利な通信手段のメールで、作業責任者・副責任者とやり取りしているが、連絡の取り易い便利な世の中になったもので有り難さを感じている。

海外スタッフとの直接交流は、相互信頼感を保つことになり、また日本への理

2007「Mr. Francesco Pasqualone、Mr. Remo Petrella」

2023「Mr. Remo」長男の大学卒業と家族の記念写真

解も深まることにもなります。

　その意味でも、これからの日本の若い人たちも、海外対応時には、信頼感のある人事交流は大切にしていきましょう。

 # イギリス

世界を席巻した歴史

　イギリスといえば、首都ロンドンの世界最大級の「大英博物館」や英国王室ゆかりの「バッキンガム宮殿」など、観光客にとっては見どころ満載の魅力的な国である。

　イギリスの正式国名は、『United kingdom of great Britain and northern Ireland（グレートブリテンおよび北部アイルランド連合王国）』といい、かってのイングランド、ウェールズ、スコットランド、アイルランドの4つに分かれていた国をひとつに統合した連合王国である。

　1991年3月に、イギリス北東部のダーラム州の日系半導体新工場建設時の設備設置工事で初めてイギリスを訪れた時、日本と非常に異なった街並みの雰囲気で歴史を感じさせるとともに、「平和で安全な国」という印象を受けた。
　イギリスは19〜20世紀に世界の覇権を握り、18世紀の後半には世界で最初に「産業革命」に成功した国でもある。

　現地に初渡航する前に客先担当者より、新工場建設現場近くのホテルを紹介されたが、現地でのマナーについての説明の時、ホテルと現場を行き来する場合は「作業服のま

まで移動しないように」という内容があった。

　宿泊したホテルは、こぢんまりとした古い比較的小さな
お城の中を改装した建物であり、夕食時の食堂では、ブルー
のロングドレスを身にまとった年輩の女性など、高貴な社
会の雰囲気に少し駆られると同時に、世界を席巻してきた
歴史の重厚なイギリスを感じさせる一端でもあった。

　ある時、現場業務を終え、レンタカーでホテルに戻り、受
付で部屋の鍵を受け取っていたところ、作業服姿の日本人
4人がホテルに入ってきた。
　宿泊したいので空いている部屋があれば泊まりたい、と
いう話を受付カウンターの男性にしていたが、すでに満室
なので、と断りの返事をしていた。
　そうですか、と納得して出て行ったが、次のホテル予約
が取れたかどうか？
　筆者の隣の部屋など結構空室の部屋があったにも拘わら
ずである。

　渡航前に、客先担当者より注意事項として話のあったこ
とが納得できたものである。世界を席巻した国としてのプ
ライドを感じざるを得ない光景でもあった。

　海外訪問時には、いろいろな方からの注意事項や現地情
報を事前に提供されることがある際に、参考知識としてよ

く心得ておくことも大切である。

軽犯罪が多いイギリス

　筆者が2カ月間現場対応したダーラム州ニュートンエイクリフでは、滞在期間中は生活上での窃盗、殺人などなく、危険な状況には遭遇しなかったものの、16年間イギリス・ロンドン郊外に住む日本人による最近の印象では、犯罪率は統計上日本と比較すると高いとのことである。

　通常の生活の中では、特に危険だと感じたことは殆んどないとのことであるが、残念ながら、空き巣、スリ、窃盗といった「軽犯罪」は日本よりずっと多いため、日頃から意識して行動することが大切とのことである。

　また、以下のように犯罪とその対策について述べている。
●スリ、置き引き
　・イギリスではスリは日本人が想像する以上に多い。
　・人の多く集まる場所、広場やマーケット、レストランなどでは要注意。

　そういえば、筆者が元の会社に所属していた頃、ある営業担当者がイギリスのホテルでチェックインのため、手さげカバンをフロアー上の両足の間に置いて、カウンター上

で用紙に記入している時、知らぬ間に後ろからパスポート、書類の入ったカバンをスーッと抜き取られたという情報を思い出した。

●空き巣
　・空き巣による被害も日本と比較すると多い。
●恐喝・窃盗
　・イギリスでも特定の地域や夜道の一人歩きなど、地域的、時間的にもよるが、恐喝・窃盗に気をつけるべき。
　・危険な場所、時間を避けること。
　・地下鉄や夜のバスに注意。
　・夜の土地勘のない場所、地下道通行は避けること。
●パスポートなど貴重品の管理
　・長期滞在する時は、身分証明のパスポートやビザのページは、コピーを持っておくこと。
●自分の身は、自分で守る
　・特に、女性に向けて伝えたい。
　・知らない人が、日本人に興味をもって話しかけてくることがあり、イギリスでは、はっきりした態度を示して、トラブルから自分の身を守ることが大切。

　イギリスでは上記指摘のように、最低限注意して生活する分には治安上問題ないようであるが、近年世界各地で大きな「テロ事件」も発生しているため、テレビ等のニュースや外務省の「海外安全情報」イギリス編の動向情報等を

確認することも大切である。

〈特記〉

　2022年9月8日に、70年間英国の女王として君臨されていたエリザベス女王が崩御された。(96歳)

　エリザベス女王と日本の皇室とは家族ぐるみで交流されていた間柄であり、日本各地からも駐日英国大使宛に寄せられた弔意は多数で、大使館前には、多数の市民らが相次いで献花に訪れ手を合わせていた。

　筆者も、心から哀悼の意を表します。

サウジアラビア

現地出張前「注意事項」

　筆者は、1987年11月に初めて中東の国でイスラム教メッカの国、サウジアラビアという国に出張することになった。

　紅海の海沿いの砂漠地帯のサウジアラビアの都市ヤンブーという地域に、当時遊牧民の定着化を図る目的として、サウジアラビア政府がアパート群の建設を決定、それに伴う「サウジアラビア王立病院」新建設の院内カルテ等搬送設備工事据付指導を業務としての出張であった。

　大きな病院建設は日系企業であり、現地出張前には、その建設会社 東京本社より呼び出しを受け、現地滞在中の「注意事項」の内容説明があった。

　「注意事項」一つ、二つ、三つ……と、10項目ほどであったが、イスラム教の戒律に基づく内容で神妙に話を伺った。

　内容は、現地の空港に着いたあと、頭にスカーフ「ヒジャブ」を被ったムスリム（イスラム教徒）の女性や病院、石油精製設備などを、絶対にカメラで写真を撮ってはならないこと、イスラエルの国旗のデザインに似たようなものは持参しないこと、日本の「週間現代」、「週間ポスト」などに掲載しているような女性の裸体の写真が載ったような雑

誌は持ち込まないこと、またもし現地で不倫して逮捕された時は、砂の穴に身体を頭だけ出して埋められ、不倫された旦那より、気が済むまで思いっきり頭に石をこっつけられ（投石され）、「目には目を、歯には歯を」（ハンムラビ法典）の精神でやられます……云々。

このような話を聞いて緊張感を覚えると同時に、日本と非常に異なる制度、習慣に対して逆に興味も感じた。

初めて現地に着いた時の気温は、45℃の酷暑だった。
長く現地滞在の日本人エンジニアに聞くと、「1週間前は50℃を超えていたよ」と。
現場事務所から砂漠の建設現場に歩いて移動する時には、まぶし過ぎて目を細めたままであったが、サングラスを日本から持参すべきだった。

現場での仮設トイレでは、トイレ設置方向が入口ドアとは斜めになっており、何故かな？と現地長期出張中のエンジニアに確認すると、イスラム教の聖地メッカの方向にお尻を向けてはならない、という設置構造となっていたのである。

このような点が異なることも、宗教の神聖なる違いから理解しておく必要がある。

若い韓国人男性、宗教警察が連行

　サウジアラビアへ初渡航した時、当時の大阪空港国際線で出国手続きをした後、大韓航空で韓国金浦空港へ。金浦空港にて別便の大韓航空で、サウジアラビア ジッダ空港行きの飛行機に乗り換え、パキスタン カラチ空港、湾岸戦争前のクウェート空港を経由した後、ようやく現地時間朝5時頃ジッダ空港に到着した。この間約30時間の旅。

　早速、税関での入国審査でパスポートチェック。日本で滞在ビザ取得済であったため、問題なく入国許可のハンコを受けたあと、今度は持ち込み荷物のチェック場へ移動した。

　バッグ等持ち込み品の検査を受けるため、次は筆者の番と床の白線部で待っていた時、造船関係の出稼ぎでサウジアラビアに来たという若い韓国人が、2mほど先の税関検査台でバッグ内のチェックを受けていた。

　税関係官がバッグの中から何やら雑誌を引っ張り出し、パラパラとめくっていた。「アッ！」と思った。韓国版週刊誌、いわば日本でいう「週刊現代」「週刊ポスト」での女性の「オッパイ」写真ページが一瞬チラッと筆者の目に映った。

　すかさず係官は近くの（宗教）警察官に右手を挙げて合図。二人の警察官が来て、その若い韓国人の両腕を抱えて

連れて行ってしまった。

　筆者は問題なく通過できたが、「あの若い韓国人は、一体どこに？」
　建設現場に到着後、この件について元請会社の長期滞在の日本人エンジニアに訊いてみた。するとその人は「それは、まあ、死刑はないだろうが、2カ月か3カ月間は"牢屋"だな」と淡々とした表情で言い放った。

　各イスラム国への持込品も、十分注意が必要である。

アラブの剣をのど元に

　王立病院内での設備設置工事で、フィリピンからの出稼ぎ作業者への1カ月余の据え付け指導を終えて日本に帰国した。
　その約1年後、現地元請会社より、ほぼ据付工事終了の情報を受け、現地施工済みの状態チェックとシステム搬送テストのため、現地初渡航の電気調整担当者と共に現地に再渡航した。

　元請建設会社の4回目の現地訪問となる下請エンジニアと成田空港で待ち合わせ、日本航空にて3人で現地へ向かった。

筆者はサウジアラビアへの渡航は第2回目であるため、1回目のような緊張感はなかったが、ジッダ空港に着いたあと、バッグ内税関検査で「トンデモない事件」に遭遇。

　同行していた元請会社下請の人の縦長の大きな黒いバッグが税関に引っ掛かってしまった。筆者のバッグは問題なかったが、下請の人に一緒についていくと、部屋の真ん中に大きなテーブルのある広い別室に入れられた。
　そのテーブル上で、バッグの中身をチェックするという。

　下請の人が持っていたのは、元請会社から現地の日本人スタッフへの託送物として運搬を依頼された大きなバッグであった。
　その下請の人は、別に怪しい物は入れていませんという表情をしながら、チャックを開け大きなバッグの中から日本の食品等を上部から順にテーブルの上に取り出していた。
　その時！　突然税関検査官が、テレビ・雑誌の「アラビアンナイト」でよく見られる、幅が広く湾曲した、まさにアラブの剣（サーベル）を左腰ベルトから急に抜き出し、右手でその下請の人のノド元に剣の歯を上向きにして突き立て、英語で「Don't touch！」（触るな！）と、大きな声で怒って叫んだ。筆者の目の前で。

　今回4回目の訪問となるその下請の人は、淡々とした表情

で、いかにも国情をよく熟知し、慣れている様子で、「OK I will not touch. Please check」と返事。検査官は、味噌袋を取り出し、スルメを手でぶら下げて匂いを嗅いだり……。

　結局、何も問題なく「解放」されることとなった。

種族の理解とテロ巻き添えに注意、宗教戒律理解の大切さ

　最初のサウジアラビアへの渡航時、ジッダ空港着からヤンブー行きの国内線に乗り換えるため、税関を通過したあと出口で一人の男性が近づいて来た。「Mr. Kobayashi!」と。すると、いきなり航空券を取り出し、筆者の目の前で提示。

国内線ヤンブー行きの航空券だった。間違いない、航空券。

　その男性の顔を見ると、右ホッペタに「十字マーク」の切れキズが見えた。

「こりゃ、やばいなあ～」、国内線の出発口まで車で連れていってくれる旨。

　警戒心を抱きながら、軽トラの後ろにトランクをほうり込み、筆者は助手席に乗って、広大な空港内の国内線まで軽トラに乗車し、まだ朝5時過ぎの薄暗い中を移動していた。

　緊張の連続で、いざとなれば助手席のドアを開けて逃げようとの強い思いがしていたが、幸い15分程の移動後、無事国内線側の建物に着き、一安心。気持ちとして、3～4度のお礼の言葉をかけさせていただいた。

　現場事務所に着いて、この件現場の日本人エンジニアに話をすると、現場事務所で運転手として一時的に雇用されているケニアからの出稼ぎ者で、ホッペタの十字マークは、種族の印とのことで納得したものである。

　日本人が中東イスラム教国への旅行などで、入国後に宗教戒律の理解不足による事件には下記のような内容がある。

①　2004年10月に発生した「イラクでの日本人青年殺害事件」。事件の被害者、香田証生さん（24）は、事件の7～8カ月前にニュージランドで語学を勉強していたあと、2～3カ月前にイスラエルに入国した。ヨルダン経

由でバスでのイラク行きを決め、ホテルマネージャーからの、"危ないから行かないように！"との忠告を受けたにも拘わらず振り切って、バスでイラク入りし、過激派テロリストの「イラク聖戦アルカイダ組織」を名乗るグループに拉致されて、殺害されてしまった事件。パスポートにイスラエル入国のハンコが押されてあり、スパイと見られた結果である。

② 2013年1月にアルジェリアの天然ガス精製プラントで建設に携わっていた日本の化学プラント会社「日揮」の幹部、協力会社、派遣社員の10名が、アルカイダ系の武装勢力「イスラム聖戦士血盟団」のテロにより死亡した事件。

③ 中東イスラム教国、アラブ首長国連邦（UAE）の人気の観光地と言われている常夏のドバイで、2017年7月に日本人カップルが公共の場でキス、ハグをしていたため検挙され、「拘束6カ月」の有罪となった事件、等。

　世界での種族の理解と宗教の戒律や訪問国の情勢をよく知った上で渡航することが重要であるとともに、各国に存在する日本大使館・領事館関係者も、訪れる日本人に対する情報手段伝達方法の検討や注意喚起を促すことが、日本人の安全にとっても極めて大切である。

✡ イスラエル

国存続危機意識の強い国

2007年、イスラエルという国に半導体新工場建設時の設備設置工事のため、初めて現地で6カ月間滞在した経験で得たことは、イスラエルという国が建国までの長い歴史上、周囲諸国との争いによる「憎しみと報復の繰り返し」の末、1948年に国際的承認のもとで、ユダヤ民族は2000年振りに独立を取り戻したという厳しい歴史を経てきていることを知ったことである。

歴史をみると紀元前120年頃、「死海」のほとりの砂漠の中に、台形状でそびえ立つ高さ400mの山があり、その山頂には平らな岩山の世界遺産「マサダの砦」が建設され、ヘデロ大王が離宮として改修、とある。

マサダの砦。【引用】Andrew Shiva/ Wikipedia/CC BY-SA 4.0

紀元後66年にローマ

帝国に対しユダヤ人が決起し「ユダヤ戦争」が勃発。

　70年ローマ軍により、ユダヤの本拠地エルサレムが陥落し、追い詰められたユダヤ人集団約1,000人が包囲を逃れて「マサダの砦」に立てこもったが、15,000人のローマ軍が周囲を包囲し、ユダヤ側の防戦も力尽きて、2年後敗北が確実となった段階で全員が集団自決。生き延びたのは、穴に隠れていた2人の女性と5人の子どもだけだった。マサダ陥落によりユダヤ戦争は終結したが、ここから2000年の厳しい民族離散が始まった。

　マサダは現代のユダヤ人にとり「民族の聖地」であり、イスラエル国防軍将校の入隊宣誓式はこのマサダで行われ、山頂で「マサダは二度と陥落せず」と唱和し、民族滅亡の悲劇を繰り返さないことを誓っているとのことである。

　2007年4月に現地工事開始後まもなく、5月にレンタカーでアシュドッドのアパートから「死海」すぐ横にそびえ立つ「マサダの砦」を初めて訪れた時、ロープウェーで山頂に上ると、広い平地に古代の住居、倉庫、共同風呂等の遺跡があちこちにあった。その光景を中国からの沢山の富裕層らしき観光客グループも一緒に見ることになった。

　城跡は紀元前に建てられ、紀元後70年に崩壊したとは思えないほど当時の面影を残している遺跡であり、イスラエルユダヤ人の「国存続とその強い決意」を自然に感じさせる場所でもあった。

銃の携帯が認められている国

イスラエルでは男性は3年間、女性は2年間の徴兵制度があり、女性にも男性と同様厳しい訓練を行なっている国でもある。

半導体新工場現場で、当時のイスラエルの作業者が筆者に対し、「うちの嫁さんは、夫の私に対して強過ぎて困るんですよ」と、しばしば愚痴をこぼしていたが、「厳しい訓練に耐え抜いた奥さんなので当然でしょう。理解してあげて下さいね」と、返事するしかなかった。

日本から貨物船タンカーで、現場設置用の装置類が、多数のコンテナでイスラエルの港に運ばれてきた。

客先の要望により、港倉庫に保管されているコンテナの中の状態を確認するため、倉庫前の正門でイスラエルの社員と朝7時半に待ち合わせを約束した。

イスラエル社員が到着した時、腰にピストルをぶら下げていたのでビックリ!

「今日から警察官になったの?」と確認すると、「小林さんのボディーガードとして携帯してきました」との返答があった。「ありがとう」。

イスラエルでは、正式に登録していれば、拳銃の携帯も許されている。

"今日から警察官になったの?"
"いいえ、小林さんのボディーガードとして来ました"
"ありがとう"

　一方、イスラエルと日本の相互の国間の往来数では、これまで直行便がなかったこともあり、イスラエル在住の日本人の在留邦人数は1,011名（2015年10月現在）と少数で、日本人にとっては馴染みのある旅行先とは言えなかった。

　しかし、日本からイスラエルを訪れる人は年々増えており、2018年度は2万人に達している。イスラエルから日本への渡航者は約4万人。

　2020年3月にイスラエルの「エル・アル航空」がテルアビブと成田空港を結ぶ定期直行便を初めて運航しており、観光客が増加するのは確実。

　イスラエルでの「犯罪発生状況」を、（外務省 海外安全情報）からみると、2018年（3月末現在）のイスラエル国

内での犯罪発生件数は、約32万件で、日本と人口比を基に比較すると、イスラエルは日本の約5倍の犯罪となっている。日本人の犯罪被害は、主に旅券や現金等の貴重品の盗難被害（スリ、置き引き等）となっており、訪問時には十分認識し注意しておく必要がある。

家の構造・警戒態勢

日本で住んでいる場合でも家周囲の環境、家内部の構造も安全生活上においては極めて大切である。

2007年度に6カ月間、半導体新工場設備設置工事のため現地生活した「イスラエル」のアシュドッド市内の6階建てアパートでは、敷地内に入る門、アパート建物内に入る入口ドア、5階の部屋に入る扉施錠での不審者侵入防止措置など安全上徹底されている。極めつきは3LDKの部屋の中で、「防空壕」といえる部屋が1室あることである。

その部屋の入口ドアは扉を開く時、閉じる時、横ロック側にピンが2本、上側に2本、下側にも2本の計6本のピンが同時作動する頑丈なドアロック構造となっており、そのドアを支え部屋を囲む壁の厚みは30cm、1箇所ある窓の扉の厚みは2cmの鉄板製、スライドさせて動かす時、非常に重い扉となっている。もし外部から敵の銃撃を受けた時、銃弾が部屋に貫通しないように「身の安全・防御」のための

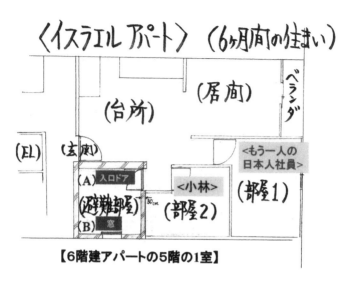

〈イスラエル アパート〉（6ヶ月前の住まい）

(居間)

(台所)

ベランダ

(EL)

(玄関)

(A) 入口ドア

(避難部屋)

(B) 窓

30cm

<小林>

(部屋2)

<もう一人の日本人社員>

(部屋1)

【6階建アパートの5階の1室】

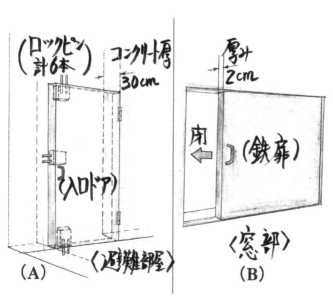

(ロックピン 計6本)

コンクリート厚 30cm

(入口ドア)

〈避難部屋〉

(A)

厚み 2cm

開

(鉄扉)

〈窓部〉

(B)

隔離された部屋となっている。

　アパート内の駐車置き場から現場へ毎朝5:30にレンタカーで出発していた時、最初の頃、アパート敷地の出口門を車内からの携帯用押ボタンで押して扉を開くと、道路を隔てた真正面に3日連続で険しい顔つきの人物が立っていた。

「世界一の諜報機関」と言われているイスラエルの「モサド」のメンバーとみられる。3日間筆者の行動には「異常なし」と判断したのか、4日目以降は立った人物はいなかった。

　アシュドッド市のアパートからキルヤットガット市の現

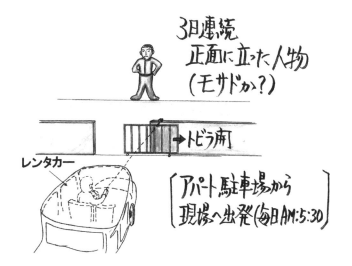

場迄の片道40kmを毎日筆者が運転していたが、最初にレンタカーを借りて1週間程経った頃、レンタカー店の営業担当者が現場事務所まで来て、車を交換したいと申し入れに来た。

「まだ借りて1週間しかならないのに、どうして？」と質問すると、「今乗っている車を警察署に持っていかねばならないので」との返事。

　その言葉を聞いてピンときた。「爆弾か何かしかけているのではないかと検査するためだな」と。

　申し入れ通り車を交換したが、「異常なし」と判断されたのか、その後は交換せずに継続使用OKとなった。

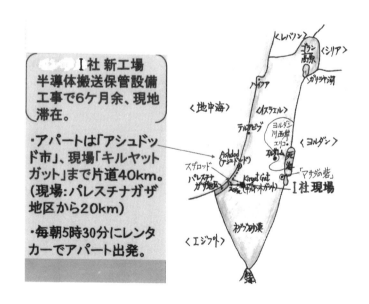

I社 新工場
半導体搬送保管設備
工事で6ケ月余、現地滞在。

・アパートは「アシュドッド市」、現場「キルヤットガット」まで片道40km。
（現場：パレスチナガザ地区から20km）

・毎朝5時30分にレンタカーでアパート出発。

一方、買い物のためスーパーに行くと、スーパー入口には「門型金属探知機」が設置してあり、歩いて通過、探知の音が出ないか検査を受けるとともに、探知機を通過すると警察官によるバック等持ち物の精密検査があった。

　またスーパー内に入ると、カービン銃を肩に掛けた女性軍人2人が歩いて周囲を警戒していた。

　「平和な国、日本」では考えられない家の構造や警戒態勢であるが、中東での特にパレスチナ、イラン、シリア各国との緊迫した国際情勢を背景に「国存続の危機意識」をもった国としての「安全対策」上の徹底した対応と考えられる。

入国ビザ取得の厳しさ

　イスラエルは、アメリカとは非常に仲の良い特別な国同士である。

　それも、アメリカ政府高官にユダヤ系の人が多数いるためと言われている。

　しかし、1972年5月のイスラエル・テルアビブ空港（ベン・グリオン国際空港）において、「日本赤軍」を名乗る日本人極左過激派組織の無差別乱射事件により、イスラエル人の乗降客を中心に26人が死亡、73人が重軽傷という痛ましいテロ事件が発生しているためか、日本人に対してはま

だ入国には厳しい規定が課されているようである。

　2007年4月、初めてのイスラエルの半導体新工場建設現場で長期現場対応するための現地就業ビザ取得に3カ月の日にちを要した。

　入国ビザ取得には、「ビジネス実績証明書／年間給与証明書／家族構成及び子供含む住所／英語サインの公的証明書（公証役場）」などを作成、イスラエル本国政府に提出し、認可の通知を受け取ったあと、東京のイスラエル大使館にパスポート持参の上、渡航申請を行なった。

　駐日イスラエル大使館近くの交差点には警察官が2人、大使館入口側に近づくと、さらに警察官2人と、物々しい雰囲気を感じ、少々緊張ぎみとなった。
　警察官に現地仕事でのビザ申請で訪れた旨を説明し建物の入口から入ると、こちら側からは見えない大きなガラスがあり、まず姿チェックをされている模様。
　しばらくすると、駐在武官らしき人が出てきて、設置している「門型金属探知機」に革靴を脱いで、ゆっくり「前進歩行」するよう指示を受け、くぐったあと、次にそのままの状態で「後進歩行」チェックを受ける。その後持っていたバッグ内の書類をページめくりながら、全書類のチェックを受け問題無しで、ようやく窓口で申請手続きに入ることができた。

初めてイスラエルへの渡航した日、JALで成田空港からイタリアローマ空港に到着後、イスラエル航空に乗り換えるため、飛行機搭乗口まで行くのに同様の厳しい検閲があった。

　ローマ空港内のイスラエル航空搭乗受付カウンターは、他の航空会社とは離れた別室にあり、そこに移動すると、イスラエル警備員がまず「何しにイスラエルへ？」との質問、目的を英語で説明しても理解してもらえないため、その場から携帯電話でイスラエルの作業責任者の携帯電話に連絡を入れてもらい、イスラエル人同士で話合いの結果、了解を得てようやく搭乗受付カウンターへ。

　飛行機搭乗口から飛行機に乗る前に、再度「門型金属探知機」を通過、やっとの思いで飛行機内の指定の椅子に座ることができた。

　飛行機が駐機場から滑走路まで移動する時、窓から外を見ると、2台の警備車両が飛行機の移動と共についてきており、飛行機を護衛しているようにも思えた。

　テルアビブ空港に到着すると、今度は税関の係官から別室に呼ばれてパスポートの再チェックと訪問目的の質問を受けた。こちらからの説明で納得。建物出口で迎えに来てくれていた所属会社のアメリカ人責任者の車で、アシュドッドのアパートにようやく到着することができ、一安心。

　日本からの観光客数は年間（2018年度）約2万人程であ

るが、観光目的で日本人が訪れる場合とは異なり、現地で長期の仕事で「就業ビザ」を取得する場合には審査基準が非常に厳しいことを知っておく必要がある。

カッサム・ロケット飛来

現地滞在中の2007年5月21日の夕方、パレスチナ自治区ガザ地区から、パレスチナ武装勢力が発射した「カッサム・ロケット」6発がイスラエル領内に着弾し、スデロッド市で車に乗っていた女性1人に直撃し死亡、40人余が重軽傷という事件が発生した。

これに対しイスラエル空軍が同日深夜から約1週間、軍用ヘリコプターで報復攻撃を行なったため、アシュドッド・アパートで睡眠中の筆者は、アパート真上を通過するヘリコプターの轟音で毎晩目が覚めてしまった。

この報復攻撃によるパレスチナ側の死亡者も多数出る結果となった。

2017年12月にエルサレムをイスラエルの首都と認定し、アメリカ大使館もエルサレムに設置すると明言したトランプ米国大統領の決定に対し、パレスチナ側の猛抗議行動が拡大した。

2018年8月には、パレスチナ自治区ガザから150発以上

のロケット弾がイスラエル側に発射され、イスラエル軍が報復してイスラム原理主義組織ハマスの軍事教練施設や武器貯蔵庫など20か所以上を攻撃、イスラエル・スデロッドで11人が負傷、ガザでは23歳の妊婦とその1歳の子供ら3人が死亡と伝えられた。

　イスラエル、パレスチナの問題は、歴史的にかなり昔の3,000年も昔からの問題となっている。その頃はイスラエル王国のユダヤ人がこの地を統治しており、この地域がアジア、ヨーロッパ、北アフリカを結ぶ重要な場所であったため、いろいろな国や民族によって支配が移り変わっている。
　紀元前586年には新バビロニアにより征服され、その後ローマ帝国が征服、そのため、もともと住んでいたユダヤ教のユダヤの人たちは世界各地へ拡散していくことになった。その頃キリスト教もこの地で誕生している。

　614年にはペルシャによる侵攻、636年にはイスラム帝国軍が占拠。この7世紀頃からアラブ人も入り、イスラム教徒が増加と、この地はいろいろな国、民族、宗教が移り変わり、エルサレムという場所は、ユダヤ教、キリスト教、イスラム教と3宗教の「聖地」となり、これがイスラエル、パレスチナ問題の出発点と言われている。

　16世紀にイスラム教のオスマン帝国が、この地域を400年余支配し、この地域を「パレスチナ」と呼んでいる。

第一次世界大戦（1914年7月～1918年11月）でオスマン帝国がイギリス、フランス、ロシアと対立した時、イギリスがアラブ人に対して有利な「フセイン・マクスホン協定、1915年」を約束した一方、ユダヤ人に対しても有利となる「バルフォア宣言、1917年」を約束という矛盾した約束をし、ユダヤ人、アラブ人両方に独立国家をつくると約束してしまったため、これが現在に至るまでユダヤ人とアラブ人との関係がこじれてしまった大きな原因と言われている。

　結局、第二次世界大戦（1939年9月～1945年9月）のあと国連の分割案によって1948年イスラエル国が独立宣言。不満を抱いたアラブ人がイスラエルに乗り込み「第一次中東戦争」（パレスチナ戦争）に拡大、この時エジプトが攻め込んだのが今の「ガザ地区」、ヨルダンが攻め込んだのが「ヨルダン西岸地区」で、現在の「パレスチナ自治区」とされている場所である。

　国連の仲介により、1993年「パレスチナ暫定自治協定」が結ばれ、イスラエル軍とユダヤ人の多くはガザ地区から出ていくことになったが、ヨルダン川西岸地区では現在でもユダヤ人の人口は増えている模様である。
　今も続いている紛争の本当の理由は、「経済的な不満」だと言われてもいるようである。

このようなイスラエル、パレスチナの激しい攻撃の応酬が繰り返し行われており、犠牲者が増えるのみで、日本人の筆者からすると、何とかお互い将来を見据えて平和で自由な国同士にならないものかと、懸念せざるを得ない。

　現地長期滞在する場合には、滞在国の歴史もある程度事前に知っておくと、現地での「安全行動」に少しでも良い結果がもたらせるともいえる。

在イスラエル日本国大使館との緊急避難時の連携

　筆者がイスラエルに滞在時、イスラエル キリヤットガット市の大規模半導体新工場建設現場の設備関係設置工事のため、日本から多数の会社の技術スタッフが現地に出張して来ることになっていたこともあり、テルアビブ市内の「在イスラエル日本国大使館」と連絡を取った結果、直接大使館を訪問して打合せを行なうことになった。

　イスラエル国内の治安の現状、もし戦争が勃発した場合の国外への緊急避難の仕方、経路、大使館へのインターネットでの「在留届」提出による大使館側からの定期的危険情報提供等、数回の打合せの結果を、日本各社合同の「イスラエル治安情報連絡会」に報告した。

　現場にも直接来場され、情報提供等日本人技術スタッフに対する当時の日本大使館大山副領事と門野二等書記官の

真摯なサポートには感謝の念に堪えない。

　長期の大プロジェクトで多数の日本人技術スタッフが現地滞在したが、お陰様にて日本人全員が無事現地業務を終えて、日本に帰国することができた。

　2013年1月16日の早朝未明に、アルジェリア東部でイスラム武力勢力により、天然ガス精製プラントが襲撃され、他諸国の人とともに、日本人の日揮関係者10人が死亡という痛ましい事件が発生したが、日本での事件報道をテレビで見ていると、在アルジェリア日本国大使館からのコメントがほとんど聞かれなかった。

　同じ海外日本大使館でも、当時のイスラエル大使館の対応と比較すると、日本人現地滞在者に対する対応が随分異なるものを感じたものである。

　現在、日本政府も海外での日本人救出について、法的改正を含めいろいろ検討されているが、世界で活躍している日本人企業戦士や観光等で海外を訪れている日本人の「身の安全」を守るということは極めて大切であり、その熱意に対応し得る人材を大使館、領事館に赴任させて欲しいとの強い思いを筆者は抱いている。

　一方日本では現在、岐阜県飛騨高山にイスラエル人観光客が急増している。

　高山市担当者によると、イスラエル人の宿泊客数は2013

年の2,833人から、2016年は
初めて1万人を超えて3倍以
上に急増。2019年度には3万
7,867人に上っている。何故
か？　それは第二次世界大戦
中、ナチス・ドイツの迫害か
ら逃れるために、日本への通
過ビザを求めて、領事館前に
押しかけてきたユダヤ人難民
たちを、リトアニアで領事代

理として勤めていた杉原千畝外交官（1900～1986年）が、
当時の日本政府の方針に従わず、「ユダヤ人の人命尊重」の
ため、独断で彼らに「命のビザ」を発給して脱出の手助け
を行ない、約6,000人の命を救ったとされるこの人道的な対
応が国際的にも非常に評価されている。

　その「人道的功績」はユダヤ人の間では有名であり、生
まれ故郷の岐阜県八百津町にある「杉原千畝記念館」を多
数のユダヤ人が訪れている。

　また当時、ソ連ウラジオストク総領事代理だった宮崎市
出身の根井三郎外交官（1902～1992年）は、杉原外交官が
発給した通称「命のビザ」を携え、シベリア鉄道でウラジ
オストクに逃れてきたユダヤ難民に対応し、敦賀港（福井
県）行きの連絡船の乗船許可を与えて、ビザを持たない者
には独断でビザを発給している。

当時、外務省は、杉原外交官が発給した通過ビザを再検閲し、要件を満たさない者は、日本行きの船に乗せないようにと根井外交官に命令したが、根井は「国際的信用から考えて面白からず」と拒絶し、ビザを持たない者にも独断でビザを発給。

2020年（令和2年）5月に、アメリカへ亡命したユダヤ人の子孫が、根井外交官が独自に発給したビザを持っていることが判明している。

根井三郎外交官（提供：根井三郎を顕彰する会）

小辻節三氏（提供：国際留学生協会、向学新聞）

2022年5月22日、日本を訪れていた「イスラエル日本友好議員連盟」のツビ・ハウザー会長とイスラエルのギラッド・コーヘン駐日大使が東京都内の介護施設を訪問し、第二次世界大戦時に危険を顧みず多くのユダヤ人難民の命を救ったとして、ヘブライ文化研究者の小辻節三氏の行動をたたえ、次女の暎子さん（91）に

感謝状を贈呈している。

　第二次世界大戦中の1940年、欧州の多くのユダヤ人が外交官・杉原千畝の発給したビザを使って、ナチス・ドイツによるホロコースト（ユダヤ人の大量虐殺）から日本に逃れることができた。しかし、短期ビザだったため、欧州へ強制送還される恐れもあったため、小辻氏は当局に掛け合ってユダヤ人の滞在延長を認めさせ、米国などへの渡航を助け、数千人が救われたとのことである。

　当時の日本政府はドイツと同盟関係にあったことから、小辻氏はスパイ容疑で拘束され、尋問も受けたようである。

　日本の外交官やヘブライ文化研究者の「人命尊重」の信念と熱意を貫いていることに、日本人の一人として誇りに思うと同時に、特に今後の外交官も是非そうあって欲しいと願うものである。

〈備考〉

　イスラエル日本友好議員連盟のツビ・ハイザー会長は、2010年にネタニヤフ政権の官房長官として初めて来日しており、日本人の穏当な雰囲気や考え方に共鳴し、日本という国に恋するようになったとのことである。

　日本はアジアで最も重要なパートナーと確信し、その後10回以上来日している。

「平和と繁栄の回廊」構想

　2006年7月に、日本政府はイスラエルと将来独立希望の
パレスチナ国が、平和かつ安全に共存する「二国家解決」
実現が重要との考えに基づき、日本、イスラエル、パレス
チナ自治区、ヨルダンの4者による地域協力でヨルダン渓
谷の社会経済開発を進め、パレスチナの経済的自立を促す
「平和と繁栄の回廊」構想を日本独自で提唱している。

　現在、パレスチナ西岸のジェリコ市郊外に農産加工団地
を第1ステージとして開発中であり、2017年10月現在約40
社が工場内の入居契約を終え、うち8社が、オリーブ葉エ
キスのサプリメント、ミネラルウォーター、オリーブ石鹸、
再生紙等の工場が操業を開始しているとのことである。
　また、加工団地内のインフラ整備（管理棟、太陽光発電
施設、給水塔、工場の一部等）を実施。また周辺インフラ
として、ジェリコ市内の道路整備、下水処理施設等も実施
中である。

　2007年、（当時）麻生外務大臣が「平和と繁栄」構想の
さらなる実現のため、パレスチナのアッバス議長を訪問し
たあと、イスラエルのネタニヤフ首相との打ち合わせのた
めイスラエルを訪問されてきた。
　ちょうどその時、筆者もイスラエル現地滞在中であった
ため、日本大使館よりエルサレム市内ホテルでの「歓迎会」

《麻生外相入場》

《麻生外相スピーチ》

[Kiryat-Gat安全協力会]Staff

左から筆者（小林）
（熊倉氏）・　　（寺崎氏）

2007.5/15.麻生外相(当時)「歓迎会」
『中東の平和と繁栄の回廊』構想会議
のため.パレスチナ訪問のあと.イスラエルに招かれた。
（その「歓迎会」に日本大使館から招待受け）

に招待された。

　麻生大臣出身の福岡県飯塚市と筆者出身の福岡県田川郡
香春町とは、比較的近い位置でもあるため、故郷の話や
「平和と繁栄」の話を少しでも聞ければと思っていたが、麻
生大臣の周りにはイスラエル政府関係者が多数囲い込みで、
全く近づけない状況であった。しかし、その周囲の雰囲気
は、日本の外務大臣がイスラエル政府高官から、非常に大
きな信頼と期待感を持たれている和気あいあいとした雰囲
気を感じるものであった。

　1979年のエジプト、1994年のヨルダン、2020年のアラブ

首長国連邦（UAE）とバーレーンのアラブ4か国が、イスラエルと国交が樹立されている。

　一方、パレスチナ暫定自治区の都市エリコにある、8世紀にウマイヤ朝のカリフの離宮として建設されたと言われている遺跡「ヒシャム宮殿」の観光施設整備のため、日本政府が「ODA」（Official Development Assistance、政府開発援助）の支援の一環として12億円をかけて完成し、2021年8月に日本から茂木外務大臣と、パレスチナ暫定自治政府の観光・遺跡担当相が揃って式典に出席し、テープカットが行われている。

「平和と繁栄の回廊」構想の実現により、イスラエル、パレスチナ国家も双方長かった憎しみの歴史に終止符を打ち、将来を見据えて相互二国間の「平和と繁栄」がもたらされ、先導役の日本が両国及び世界各国から「安全で平和な国、日本」と大きく評価されることを、日本人の一人として切に願いたいものである。

海外現場（長期）
出張経歴一覧

① 1982年7月～1983年8月　シンガポール

② 1986年9月　洋上大学（香港・台湾）

③ 1987年11月～12月　サウジアラビア

④ 1988年6月～10月　アメリカ

⑤ 1988年11月～12月　サウジアラビア

⑥ 1989年1月～4月　アメリカ

⑦ 1989年6月～1990年4月　韓国

⑧ 1990年6月～12月　イタリア

⑨ 1991年3月～5月　イギリス

⑩ 1991年9月～10月　台湾

⑪ 1992年4月～7月　韓国

⑫ 1992年12月～1993年7月　アメリカ

⑬ 1994年1月～2月　韓国／アメリカ

⑭ 1994年7月　アメリカ／韓国

⑮ 1994年9月～1995年1月　アメリカ

⑯ 1995年1月～3月　台湾

⑰ 1995年4月～1997年4月　台湾（現地法人所属）

⑱ 2000年5月～9月　台湾

⑲ 2002年5月～12月　台湾／韓国

⑳ 2003年2月～4月　アメリカ

㉑ 2003年9月～10月　台湾

㉒ 2004年5月～6月　アメリカ

㉓ 2006年8月　中国

㉔ 2007年4月～10月　イスラエル

㉕ 2007年11月　シンガポール

㉖ 2010年4月～2013年9月　（「安全体感道場」インストラクター）

㉗ 2015年8月～10月　台湾（定年退職後、現場安全支援）

「世界の平和と安全」
のための日本の
リーダーシップ

2022年1月3日に、米国、ロシア、英国、フランス、中国の核保有5カ国が、「核戦争回避」の重要性を確認した共同声明を発表した。

　国連のグテーレス事務総長は「歓迎」するとの声明を発表したが、広島県原爆被害者団体協議会（広島被団協）の佐久間邦彦理事長は、核保有国に対し、「声明を出しただけでは核戦争はなくならない。核軍縮をいかに進めていくか、具体案を示して踏み込んだ議論をしてほしい」と求めていた。

　まさに、佐久間理事長が指摘した通りに、2022年2月24日にロシアのウラジーミル・プーチン大統領命令によりロシア軍が東欧ウクライナ共和国に軍事侵攻し多数の民間人が死亡、プーチン大統領がさらに核をちらつかせる戦争に発展してしまった。また、ウクライナ侵攻で、アフリカは深刻な食糧危機に陥り、また世界的なインフレを引き起こしている。

　中国武漢の研究所から発生したと言われている新型コロナ蔓延による各国の感染者・死者多数の世界的パンデミック、ウイグル族への人権侵害や台湾を「一国二制度」として武力による統一を目指す恐れのある台湾問題、また日本領土の尖閣諸島領域を毎日のように領海侵犯を繰り返している中国、北朝鮮による核兵器搭載を目指した度重なるミサイル発射実験、アフガニスタンのイスラム過激組織タリ

バンによる政権奪取、2021年2月に発生した国軍によるクーデターから混乱が続くミャンマー、米中の覇権争い、イランの核問題等、現在の世界情勢は混沌としている。

　世界の平和と安全を維持することに重要な責任を負う機関としての国連の安全保障理事会（安保理）の機能不全が、ウクライナ戦争で明確となった。

　そのような不安定な世界情勢下、自由民主主義国家である日本が、いかにリーダーシップを持って対応していくべきか、日本政府の対応が世界情勢に大きく影響してきている。
「日本という国の存在」が「世界の平和と安全」に与える影響はどうなのか、日本としての独自の考え方、また各国との意見交換により、存在感をアピールするとともに、強いリーダーシップを取ることが大切である。

　2022年7月8日に、奈良市の駅近くで街頭演説をしていた安倍晋三元総理が、元自衛官の容疑者（41）に、背後の至近距離から手製の拳銃で撃たれ、「失血死」で亡くなるという悲惨な事件が発生した。
　SPや奈良県警の要人警護体制が不備であったと警護専門家が指摘している。
　安倍元総理は、日本の国益を守るための対応で、海外での影響力が大であった。十数年前の日本の国際社会での地

位が相当落ちていたところを立て直した安倍元総理の功績は大きい。いま日本が国際社会やG7、G20で影響力を持つようになったのも「自由で開かれたインド太平洋」構想を提唱した安倍元総理の外交の努力の結果だと、専門家も高く評価している。

　今後の日本のリーダーは、日本の立場、世界視野を見た対応で、リーダーシップを発揮していくことが極めて大切であり、日本の報道関係等マスコミも、世界情勢について広く日本国民に情報を提供して世界の実態を認識させることも極めて大切である。

　2023年5月19日〜21日の3日間、アメリカ、イギリス、フランス、ドイツ、イタリア、カナダ、日本の7カ国の首脳が参加の広島G7サミット（主要国首脳会議）が広島市で開催され、韓国やオーストラリア、新興国・途上国の「グローバル・サウス」の代表としてインド、インドネシア等の招待国も参加して、世界平和について議論が行われた。
　各国首脳の原爆資料館見学、その後、平和公園での被爆死没者への慰霊の献花が行われた様子も各国からのメディアにより発信され、「核なき世界の強化」が世界に示されたといえる。

　戦争勃発中のウクライナ・ゼレンスキー大統領が電撃的に参加されたため、各国からのウクライナ支援継続や戦争

終結後の復興等、「世界平和」の大切さを、より強く世界に発信することとなった。

　今回の被爆地広島でG7サミットが開催された意義は極めて大きい。

　今後も将来を見据えた日本のリーダーシップで、日本をはじめ「世界全体が平和で安全に」推移していくことを筆者も切に願いたい。

おわりに

2019年5月1日より、「平成」の時代から「令和」の時代に入り、2020年1月から3年余続いている世界にまん延のコロナ禍による厳しい生活状況下ですが、「安全」は時代の変化・状況とは関係なく〈最も重要で崇高な言葉〉です。

筆者の長い人生経験を通じて感じていることは、「安全」はご自身が置かれたその立場・環境に対して意識的に状況確認・把握するとともに、問題ありと判断した場合には、速やかに熱意をもってその対応策を考えること、また周囲、関係部門への連絡で徹底化を図ることが重要といえます。「危険はすぐ隣にもある」ことを認識し、「事前の危険も予知」して「安全」についての対策を講じていくということも大切でしょう。

海外出張で渡航・現地長期滞在してきた経験から言えることは、訪問国によって、いろいろな制度・規定・環境・習慣等の違いがあることから、これから海外へ渡航される方々は、事前に渡航先の情報をよく調べて確認・認識し、現地での行動に心掛けることが「身の安全」に結び付く大切なことといえますので、是非注意していただきたいと願っております。

太平洋戦争が終結した約3年後の昭和23年（1948年）6月に生まれた筆者の小学校1年生（6歳）になった時の「大きなカバン」を背負った元気な子ども時代や、執筆している74歳の現在まで長い人生を送ってきましたが、23歳からの社会人生活では、子会社配属の勤務を含め1グループの会社のみでの65歳定年までの長いビジネス経験でした。海外赴任や長期海外現場対応等を含めた単身赴任生活は30年余の長きに亘りました。

　広島市の現・松井一實広島市長と同じく広島被爆2世でもあり、また筆者の長期単身赴任で自宅不在中、昼間ハンコ販売店での事務員や、深夜のパン製造工場でのパートタイム、早朝の団地内の新聞配達のアルバイトを半年間、1日に3種の仕事をしながら、長男・長女・次男の3人の子供を"道を外れることなく"子育てに奮闘してくれた広島育ちの妻（嘉江）に対し、心より感謝したいと思います。

　また、筆者が70歳になった時の「古希祝い」を地元東広島市の料亭で開催し

てくれた滋賀・東京・高松の遠距離に在住の子供3人夫婦家族にも感謝したいと思います。

　最後に、パレードブックスのみなさまのご助言とご協力に対し、心より感謝申し上げます。

［著者経歴］

小林健次

昭和23年（1948年）6月生まれの九州男児。
福岡県香春町立香春小・中学校卒業。
福岡県立田川高等学校卒業。
広島工業大学工学部機械工学科卒業。
大阪市内に本社のある「物流・搬送機器メー
カー」に入社。
2013年9月、65歳にて定年退職。
「SEAJ：Semiconductor Equipment Association of Japan　社団法人
日本半導体製造装置協会」国内・海外サービス安全教育元トレーナー
「職長教育・安全衛生責任者教育」RST 元トレーナー（RST：Roudosyo
Safety and health education Trainer）
「労働省方式現場監督者安全衛生教育トレーナー」

（香春小中学校の現在）
令和3年（2021年）4月、香春町内の全小中学校を統合した。
9年の義務教育一貫校として「香春思永館」を開校中。

海外渡航　どうする身の安全

2023年10月17日　第1刷発行

著　者　小林健次

発行者　太田宏司郎

発行所　株式会社パレード
　　　　大阪本社　〒530-0021　大阪府大阪市北区浮田1-1-8
　　　　　　　　　TEL 06-6485-0766　FAX 06-6485-0767
　　　　東京支社　〒151-0051　東京都渋谷区千駄ヶ谷2-10-7
　　　　　　　　　TEL 03-5413-3285　FAX 03-5413-3286
　　　　https://books.parade.co.jp

発売元　株式会社星雲社（共同出版社・流通責任出版社）
　　　　　　　　　〒112-0005　東京都文京区水道1-3-30
　　　　　　　　　TEL 03-3868-3275　FAX 03-3868-6588

装　幀　藤山めぐみ（PARADE Inc.）

印刷所　中央精版印刷株式会社